杨泳江 编著

普通话训练

国家一级出版社
全国百佳图书出版单位

西南师范大学出版社
XINAN SHIFAN DAXUE CHUBANSHE

图书在版编目（CIP）数据

普通话训练/杨泳江编著. —重庆：西南师范大学出版社，2015.8
ISBN 978-7-5621-7518-6

Ⅰ.①普… Ⅱ.①杨… Ⅲ.①普通话－高等学校－教材 Ⅳ.①H102

中国版本图书馆CIP数据核字（2015）第164378号

普通话训练
杨泳江　编著

责任编辑：	吕杭　王煤
文字编辑：	唐倩
封面设计：	梅木子
出版发行：	西南师范大学出版社
	地址：重庆市北碚区天生路1号
	邮编：400715　市场营销部电话：023-68868624
	网址：http://www.xscbs.com
经　　销：	新华书店
印　　刷：	重庆五环印务有限公司
开　　本：	787mm×1092mm　1/16
印　　张：	10.5
字　　数：	190千字
版　　次：	2015年8月　第1版
印　　次：	2015年8月　第1次
书　　号：	ISBN 978-7-5621-7518-6
定　　价：	38.00元

若有印装质量问题，请联系出版社调换

版权所有　翻印必究

目 录

第一章　普通话概述 ·· 1
　　第一节　普通话的概念及其地位 ································ 1
　　第二节　普通话水平测试 ·· 3
第二章　西南地区学习普通话的难点音及训练法 ············ 7
　　第一节　现代汉语方言分区 ···································· 7
　　第二节　西南地区学习普通话的难点音 ···················· 11
　　第三节　歌唱训练法 ·· 51
第三章　朗读和说话的训练 ······································· 60
　　第一节　朗读和说话训练的必要性 ·························· 60
　　第二节　语流音变 ··· 64
　　第三节　非语言交际 ·· 86
　　第四节　朗读和说话训练的方法 ····························· 89

参考书目 ·· 162

第一章　普通话概述

第一节　普通话的概念及其地位

一、普通话的概念

中国科学院1955年召开现代汉语规范问题学术会议，确定把汉民族共同语称为普通话。1956年，国务院发布的《关于推广普通话的指示》中，正式确定了普通话三项标准含义。普通话是以北京语音为标准音，以北方话为基础方言，以典范的现代白话文著作为语法规范的汉民族共同语。

汉民族共同语进程从先秦时期就开始了。周代，官方标准话称为雅言。随着秦王朝统一文字，古代汉民族的书面语言逐步趋同。汉代，民族共同语称为通语。唐代，佛教徒记录禅师言谈，理学家记录老师们的讲话，形成变文、语录。宋代，用北方话口语写历史故事，形成平话，发展出话本。明清时期民族共同语称为官话，辛亥革命以后称为国语，新中国成立以后称为普通话。

二、标准音北京语音的历史地位

在汉语各大方言中，哪种方言能成为民族共同语的基础方言，取决于这种方言在政治、经济、文化、人口上的地位和影响。北京语音能够成为汉民族共同语的标准音，与北京悠久的历史分不开。

北京地区文明进程开始得比较早。1929年京城西南50千米外的房山区周口店镇龙骨山发现了69万年前的北京猿人活动遗迹，1930年在龙骨山山顶又发现约3万年前生活的山顶洞人遗迹，表明北京地区持续约70万年都有人类在进行活动，人类文明持续发展。

周代，分为西周、东周。《史记》记载，西周时期周武王封弟弟姬奭在召（今陕西省岐山县），人称召公。后因召公辅助武王灭商有功，武王封召公于燕，国都蓟，就是今天北京房山区琉璃河。东周时期，燕国因为地域偏远，发展较为缓慢，后在战国时期崛起，成为七雄之一。北京地名中至今还保留着蓟门桥、蓟门里、平蓟路。

唐代，北京属于幽州，是北方军事重镇。

辽金时期，北京是五京之一，金于1153年迁都北京（时称燕京）。

元代,定都北京(时称大都),北京成为中国政治、经济、文化高度集中的心脏地带,北京话开始作为官方用语。元代把百姓划分为蒙古人、色目人、汉人、南人各级,便可见各民族处于杂居状态。从元代涌现的杂剧、散曲资料看,出现与蒙古语同属阿尔泰语系的契丹语、女真语,语言呈现出丰富、复杂的现象。多民族聚集北京,为了沟通需要,口语必须要具有通俗性,这为白话的产生奠定了基础。元代作家所用词,如人体中的嗓子、额头、手背、眼角,亲属称呼中的姐姐、姐夫、姑姑、嫂嫂、公公、婶子、侄儿,食物中的小米、茼蒿、甜瓜,家具中的桌子,处所中的风月场,工具中的纺车,动作中的喝、嚷、瞅、瞭,性状中的呆、歪,以及直接来源于蒙古语的胡同、站(驿),这些词今天仍然被高频使用,可见作者来自基层平民,其语言应该是当时当地老百姓所操的生活用语。

明代,也定都北京,"官话"一词出现,指汉语官方标准话,后来演变为"官话方言"的含义。随着白话小说的兴起,以北京话为代表的官话传播更广,甚至明初出现了《朴通事》《老乞大》两本用北京口语写的供朝鲜人学习汉语的会话课本。

清代,继续定都北京,白话小说的进一步繁荣推动官话普及。政府规定不会官话不能做官,并在福建、广东两省设立了"正音书院"教授官话。来自粤方言地区的广东人梁启超进京做官时,因为语言不通,就有向从小说北京话的夫人李蕙仙学习官话的一段佳话。

新中国成立,首都北京、古都北京的影响力继续扩大,奠定了北京语音成为现代汉民族共同语标准音的基础。1956年,国务院发布《关于推广普通话的指示》。1982年,第五届全国人民代表大会第五次会议通过《中华人民共和国宪法》,规定国家推广全国通用的普通话。2000年,第九届全国人民代表大会常务委员会第十八次会议通过《中华人民共和国国家通用语言文字法》。为了推广普通话,教育部、国家语言文字工作委员会制定了《普通话水平测试大纲》和《普通话水平测试实施纲要》,使推广普通话工作走向制度化、科学化、规范化。在此基础上,各省因地制宜制定了普通话培训、测试的细则,并成立了普通话测试中心开展测试工作。

三、语言艺术对普通话的要求

国家颁发法令来大力推广普通话,因为普通话是全民族共同语,尤其在新闻传媒、学校教育、演艺行业,普通话是基本的职业技能,是工作语言。所以,行业入门之前必须先达到相应的普通话等级。比如,想成为贵州省县级以上中学语文老师或幼儿园老师,普通话上岗要求达到二甲(87分)以上;想成为一名主持人或专职普通话教师,普通话上岗要求达到一乙(92分)以上;想报考传媒大学的播音主持专业、电影学院的表演专业,普通话都是检测的重要内容。各传媒大学、艺术学院、电影学院、戏剧学院的网站上,播音主持、表演专业的招生简章中均对语言做了具体要求。

原北京广播学院教师王宇红在其著作《朗读技巧》中,介绍了北京广播学院对进入该校学习之前的学生选拔的考试:在播音主持艺术学院的初试面试中,有两个内容是与我们所讲的朗读直接有关。(1)语音与发声:朗读指定的稿件。(2)感受与表现:朗读自备的文学作品(诗歌、散文、小说片段、寓言等任选一项,时间限定为3分钟)。在复试的考试中,与朗读有关的内容是:语言表达,朗诵自备的文学作品(诗歌、散文、小说片段、寓言等任选一项,时间限定为3分钟以内)。与朗读有关的考试要求是:(1)标准、规范的普通话语音;(2)清晰的口齿和圆润的嗓音条件;(3)较好的语言感受能力和表达能力。具体说就是:考生应具备透过文字语言表面感悟文字语言深层意韵的能力,对所播和所说的内容都应做到有感而发,情动于衷,声情并茂地表达,使朗读、朗诵、评述、主持都能做到言之有物、言之有感、言之有序、言之有色、言之有味,具有较强的感染力。要达到这个标准,普通话应该达到一乙(92分)以上,因为一乙以上的普通话才基本避免了很严重的方言音。尽管一乙普通话仍然偶有字音失误,而且还有失误带来的一些表达上的问题,但是基本上能做到发音标准、自然流畅,这样才能谈得上为语言的艺术加工打下基础。

第二节　普通话水平测试

一、有关普通话水平测试的文件

《中华人民共和国宪法》规定:"国家推广全国通用的普通话。"

1994年10月30日,国家语言文字工作委员会、国家教育委员会、广播电影电视部颁发《关于开展普通话水平测试工作的决定》。

2000年10月31日,中华人民共和国第九届全国人民代表大会常务委员会第十八次会议修订通过《中华人民共和国国家通用语言文字法》,其中第二章"国家通用语言文字的使用"的第九条规定"国家机关以普通话和规范汉字为公务用语用字",第十条规定"学校及其他教育机构以普通话和规范汉字为基本的教育教学用语用字""学校及其他教育机构通过汉语文课程教授普通话和规范汉字",第十二条规定"广播电台、电视台以普通话为基本的播音用语",第十三条规定"提倡公共服务行业以普通话为服务用语",第十九条规定"凡以普通话作为工作语言的岗位,其工作人员应当具备说普通话的能力。以普通话作为工作语言的播音员、节目主持人和影视话剧演员、教师、国家机关工作人员的普通话水平,应当分别达到国家规定的等级标准;对尚未达到国家规定的普通话等级标准的,分别情况进行培训",第二十条规定"对外汉语教学应当教授普通话和规范汉字";第三章"管理和监督"的第二十四条规定"国务院语言文字工作部门颁布普通话水平测试等级标准";第四章"附则"的第二十八条规定"本法自2001年1月1日起施行"。

1997年9月8日,贵州省教育委员会、贵州省语言文字工作委员会、贵州省广播电视厅颁发《关于转发国家语言文字工作委员会、国家教育委员会、广播电影电视部〈关于开展普通话水平测试工作的决定〉的通知》。2001年4月12日,贵州省教育厅颁发《关于在全省各级各类学校教师中实行持普通话水平等级证书上岗制度的通知》。

二、普通话水平测试受测对象

中小学及幼儿园教师,高校、成高、中专、职校师资班教师,文秘、旅游、商业、公关专业师生,县级及以上广播电台、电视台的播音员、主持人,影视剧演员、配音演员,国家公务员。

其中,专职普通话语音教师,广播电台、电视台的播音员、主持人,影视剧演员、配音演员必须达到一级;语文教师应高于其他学科教师,必须达到二甲。

三、普通话水平测试内容

普通话水平测试为一次考试,共测试4题。第一题为100个单字,第二题为50个词语,第三题为400个字的朗读文章,第四题为3分钟单向说话。第一题10分,第二题20分,两题中,21个声母分别考3次以上,39个韵母分别考2次以上,100个单字中,还分别考虑到常用字和次常用字。第三题30分,从规定的40篇朗读作品中任抽一篇,不可加字、漏字、回读、破句。第四题40分,从30个规定话题中任抽一题,不可出现方言词、语法错误、中断时间过长、时间不足、无效话语。

四、普通话测试形式

1.人工测试

一个考场设2~3名考官(包括国测员、省测员),每次限一人进入考场应试。第一名考生提前10分钟抽取试卷,到考场门口准备,准备约10分钟后进入考场应试,然后第二名考生抽取试卷,到考场门口准备。第一名考生考试结束离开后,第二名考生进入考场应试,第三名考生开始抽取试卷到考场门口备考,以此类推。考生从第一题到第四题一次性独立完成,考官不可协助。所有考官的平均分是该考生的最后得分。

2.机器测试

考生排队候考。进入考场后,考生在试卷号对应的测试机器上,单人上机,戴好耳机,不要正对麦克风,保持麦克风在离嘴唇2~3厘米距离的一侧。点击"下一步"输入考号后四位数,点击"进入"确认考生信息(若有误,点击"返回"重新输入),然后考生根据屏幕显示的提示"我叫……我的准考证号是……"读报考生信息。提示音结束,听到"嘟"的一声提示音,开始读第一题单字,结束后点击"下一题",依次进入第二题词语、第三题朗读文章、第四题单向说话。最后一题单向说话说满3分钟后才能点击"提交试卷"结束考试。

五、普通话等级证书

证书为全国统一格式,由各省(自治区、直辖市)培训测试中心编号颁发或部委直属单位普通话水平测试委员会颁发。

一级甲等需分批报国家语委普通话培训测试中心,按10名以内审1/3,11~50名以内审1/5,51名以上审1/10的比例复审;复审后,在国家语委普通话培训测试中心备案,由各省(自治区、直辖市)培训中心颁发证书。一级乙等由国家语委普通话培训测试中心备案并抽查,各省(自治区、直辖市)培训测试中心注册并颁发证书。二级甲、乙等由各省(自治区、直辖市)培训测试中心备案并颁发证书。

贵州省教育厅《关于在全省各级各类学校教师中实行持普通话水平等级证书上岗制度的通知》规定:1974年1月1日以后出生的各高等院校、中等师范学校、中等职业学校、各类教育培训机构的文科教师、县级以上中小学语文教师、幼儿园教师应达到二级甲等(87分)以上;以上各校的其他学科教师及乡镇所在地的中学及中心完小(幼儿园)教师应达到二级乙等(80分)以上;乡镇以下学校教师应达到三级甲等(70分)以上。

六、普通话水平等级标准(三级六等)

1.一级

甲等。朗读和自由交谈时,语音标准,词汇、语法正确无误,语调自然,表达流畅。测试总失分率在3%以内。

乙等。朗读和自由交谈时,语音标准,词汇、语法正确无误,语调自然,表达流畅,偶有字音、字调失误。测试总失分率在8%以内。

2.二级

甲等。朗读和自由交谈时,声韵调发音基本标准,语调自然,表达流畅。少数难点音(平翘舌音、前后鼻尾音、边鼻音等)有时出现失误。词汇、语法极少有误。测试总失分率在13%以内。

乙等。朗读和自由交谈时,个别调值不准,声韵母发音有不到位现象。难点音(平翘舌音、前后鼻尾音、边鼻音、fu－hu、z－zh－j、送气不送气、i－ü不分,保留浊塞音和浊塞擦音、丢介音、复韵母单音化等)失误较多;方言语调不明显;有使用方言词、方言语法的情况。测试总失分率在20%以内。

3.三级

甲等。朗读和自由交谈时,声韵调发音失误较多,难点音超出常见范围,声调调值多不准。方言语调较明显。词汇、语法有失误。测试者失分率在30%以内。

乙等。朗读和自由交谈时,声韵调发音失误较多,方言特征突出。方言语调明显。词汇、语法失误较多。外地人听其谈话有听不懂的情况。测试总失分率在40%以内。

第二章　西南地区学习普通话的难点音及训练法

第一节　现代汉语方言分区

学习普通话的最终目的,是在使用普通话的各种场合和对普通话有特别要求的工作岗位上,能够按照各自不同的要求自然、准确、生动地表达自己,让对方清楚地领会语意。一个说得好,一个喜欢听,让说者和听者都能够饶有兴味地完成交流活动。有的人说话条理清楚,主题突出,但是无法引人入胜。有的人说话眉飞色舞、口若悬河,但是没有主次,不讲究艺术性,无效语言因素泛滥,所以也就没有吸引力。因此,普通话训练的最主要任务,不仅是念准几个字、读准几个词的问题,重头戏应该是在朗读和说话的训练上。但是朗读和说话自然流畅度的培养,又跟字词功夫相关。本教材针对的学习者,主要是南方人,绝大多数来自西南地区。因此在开始阶段,首先简单介绍一下影响大部分西南地区口音的西南官话。

一、现代汉语方言区域分类

要了解普通话,首先要了解现代汉语方言的分区。

20世纪50年代,现代汉语方言被分为官话、吴语、湘语、赣语、客家话、闽北话、闽南话、粤语8大区。20世纪80年代,中国社会科学院和澳大利亚人文科学院编写的《中国语言地图集》又将官话分为北京官话、东北官话、冀鲁官话、胶辽官话、中原官话、兰银官话、江淮官话、西南官话8大区。

目前,众多学者认为现代汉语分为7大方言:北方方言、吴方言、闽方言、粤方言、客家方言、赣方言、湘方言。北方方言占地面积最广,分为4个次方言:(1)华北、东北方言,包括北京、天津、河北、河南、山东、辽宁、吉林、黑龙江,以及内蒙古部分地区;(2)西北方言,包括山西、陕西、甘肃,以及青海、宁夏、内蒙古、新疆的部分地区;(3)江淮方言,包括安徽、江苏省长江以北地区(除徐州、蚌埠属于华北、东北方言)、镇江、镇江以西九江以东的长江南岸地区;(4)西南方言,包括云南、贵州、四川、重庆、湖北大部分地区(除东南部咸宁地区)、湖南西北部、广西西北部。

据《中国语言地图集》(1987年版),西南官话主要覆盖云、贵、川、桂、鄂、湘,分为12片。(1)成渝片:四川省的成都、德阳、绵阳、南充、达州、攀枝花;

重庆;湖北省西部的宜昌、荆门;湖南省西北部;陕西省南部的留坝、佛坪、宁陕、镇坪、岚皋、紫阳、石泉、镇巴、宁强;甘肃省文县碧口镇。(2)灌赤片:岷江小片(四川省的泸州、宜宾、乐山、西昌,贵州省的铜梓、仁怀、沿河、印江,云南省的大关、绥江、水富);仁富小片(四川省的内江、自贡、仁寿、富顺);雅棉小片(四川省的雅安、石棉);丽川小片(云南省西北部的下关、剑川、宾川、洱源、云龙、丽江)。(3)黔北片:贵州省北部的遵义、六盘水、毕节;云南省的威信、彝良、镇雄;重庆市秀山县;湖南省的芷江、怀化、凤凰、新晃、吉首。(4)滇西片:姚理、保潞两个小片,包括云南省西部的大理、大姚、保山、潞西,延伸到缅甸掸邦和果敢人民共和国(原缅甸掸邦第一特区)。(5)昆贵片:云南省东、中部的昆明、昭通、曲靖、玉溪、楚雄、个旧、开远;四川省宁南;贵州省的贵阳、安顺。(6)岑江片:贵州省东南部的镇远、岑巩、黎平、锦屏、台江;湖南省的靖州、通道。(7)黔南片:贵州省东、南部的凯里、都匀、贵定。(8)鄂北片:湖北省北部的襄阳、十堰、丹江口、老河口、随州。(9)武天片:湖北省的武汉、天门;湖南省临湘。(10)湘南片:湖南省南部的永州、郴州。(11)常鹤片:湖北省的荆州、公安、鹤峰、五峰;湖南省的常德、张家界、南县、华容。(12)桂柳片:广西壮族自治区的柳州、桂林、百色、河池等。

二、西南官话

周代,西南官话覆盖的区域大部分操楚语和巴蜀语。先秦时期,中原汉人向贵州迁徙,春秋末年,楚国势力已扩到湘西、黔东,宋、蔡诸国臣民很多流放到此后被"夷化",所以贵州百姓姓氏中有"宋家蛮""蔡家蛮"的称谓。战国末年,楚庄王派将领庄蹻征伐云南时经过贵州,流散云、贵的楚军官兵也被"夷化"。公元前316年秦灭巴蜀,秦昭王任命李冰为蜀郡太守,率领当地民众修筑都江堰。公元前221年秦统一天下,秦始皇派常頞率军修筑五尺道,从四川宜宾经贵州威宁通往云南曲靖,设郡县、置官吏、驻扎军队,很多人滞留云贵川。可以推知随着移民,秦语开始影响巴蜀、云贵地区。公元前135年,汉武帝派番阳令唐蒙出使五岭以南的南越,当地人用经夜郎流入南越的蜀地特产蒟酱招待唐蒙,引发汉武帝疏通夜郎控制南越的雄心,然后拜唐蒙为中郎将,出使夜郎。公元前135年设置犍为郡,公元前111年设置牂牁郡,从此贵州正式纳入中央行政建制。

中国古代史上有多次大规模的人口迁徙运动:第一次是两晋之交的"永嘉南渡",迁入湖北的秦雍流人(陕西、甘肃、山西部分)有6万,出现了西南官话的雏形;第二次是唐朝"安史之乱"所引发的人口南迁,10倍于当地人的北方移民进入洞庭湖北部、西部,受中原官话分支关中方言冲击、同化,楚语最终被关中方言取代,奠定了西南官话的基础;第三次是两宋之际的"靖康南渡",中原人迁入四川。

元朝,四川已经形成巴蜀语与秦语融合的梁益方言。元朝宗室梁王把匝剌瓦尔密盘踞云南。由于元灭南宋、元末战乱和自然灾害,四川人口剧减,湖北移民迁入四川。元末,大夏政权建立者湖北人明玉珍,曾带兵攻入巫峡,占领重庆,自称陇蜀王。

明初,西南官话区移民有两类。第一,江淮区麻城的湖北人(今天四川人称老户、土著)迁入四川,这些湖北人的原籍是江西,他们在当时的西南官话基础上吸收赣语、梁益方言混合而成明代四川话。明末清初,四川人口再次剧减,引发"湖广填四川",仍然是以湖北人为主,明代四川话与湖北话融合成今天的四川话。第二,江淮人士以卫所军屯方式向云贵大量迁移。明洪武十四年(1381),元朝赐封的云南梁王把匝剌瓦尔密仍负隅顽抗,朱元璋派大将傅友德和沐英率30万大军南征,从贵州的普定、威宁入滇,经过3个月平定。朱元璋看到贵州对于维护西南稳定的重要性,命令沿驿道建立卫所实行军事控制,明洪武十五年(1382)在贵州第一次建立省级军事机构。贵州实行军屯,经过60多年屯垦,到明宣德年间(1426—1435)各个卫所建立屯堡700多个。《安顺府志——风俗志》载:"屯军堡子,皆奉洪武敕调北征南……散处屯堡各乡,家人随之至黔""屯堡人即明代屯军之裔嗣也"。贵州省安顺市周边乡村至今还保留着600年之久的被称为"明代历史活化石"的"屯堡文化",村民顽强地延续着明代传统的服饰、建筑、语言、戏曲。明朝政府还组织民屯,从中州、川陕、江浙、江西、两湖移民,到明嘉靖年间(1522—1566)云贵地区人口达25万人。

清代,云贵接收的移民主要来自四川、湖南、江西,所以云贵西南官话受江淮官话、赣语影响很大。明清以后的人口迁徙十分频繁,如"洪洞大槐树移民""江西填湖广""湖广填四川""走西口""闯关东"等,规模巨大,影响深远。

西南官话是汉语方言中使用人口最多、占地面积最广的方言,超过2亿人使用,约占全国人口的1/5,整个官话区人口的1/3,相当于湘语、赣语、粤语、闽语人口的总和。最大的是成渝片,使用人口超过1亿。在语音上,西南官话是汉语方言中音系最简单的方言之一,内部一致性较高,特别是声调调形的同一性较高。在文字书写上,同汉民族共同语书面语较为统一,不存在像吴语、闽语、客家语那样的书面文字化及语文现代化的问题。词汇上,很大程度上避免了较多的方言词,只有与普通话不同的说法,而较少有独特方言字,现行的字典、词典都能直接为西南官话服务。在语法系统上,与普通话有较大的一致性。"文—语"及"语—文"转换与普通话的功能相差无几,因而西南官话跟普通话发展几乎一致,现代汉语书面语的一切成果都能为之所用,加上它内部不存在像东南方言那样大的地域分歧,彼此都能接受对方口音,兼容性很大,只需内部调和,无须在选择中心方言点上徘徊,所以能形成流通性较大的区域共同语,并不断发展壮大。川渝地区内部有不少非官话方言岛,逐步被西南官话强势淹没。向东,由湖北江汉地区及重庆、湘西地区逐步吞噬湘语的地盘。向南,推广到广西,在云南、贵州,西南官话全面包围壮、侗、苗、瑶族的少数民族语言,使少数民族语言处于双语状态。向西,川西、滇西操藏缅语的少数民族转用西南官话或使用缅汉双语。因地缘因素,西藏藏族人民同西南地区人民接触最多,其所学习的汉语,为西南官话比重较大。

三、贵州话的分类和特点

贵州省属于北方方言区中的西南官话区,贵州话属于北方方言下的西南官话,分布在西南官话的灌赤片、黔北片、昆贵片、岑江片、黔南片。

(一)贵州话分类

1.川黔方言区

川黔方言区分布最广,包括北部、中部,又可分为:(1)黔北区,包括遵义、铜仁、黔南瓮安,代表点是遵义;(2)黔西北区,包括毕节、六盘水的水城,代表点是毕节;(3)黔中区,包括贵阳、安顺以及东起黔东南的施秉、黄平,经黔南的福泉和贵定,西抵黔西南的兴义及六盘水的盘县,代表点是贵阳,黔中南区代表点是兴义。

2.黔东南方言区

黔东南方言区包括黔东南大部、铜仁的玉屏,可分为:(1)镇台片,包括镇远、玉屏、岑巩、三穗、剑河、台江;(2)榕锦片,包括榕江、从江、黎平、锦屏、天柱。

3.黔南方言区

黔南方言区包括黔南的都匀、独山、平塘、三都,黔东南的麻江、丹寨。代表点是都匀。

4.其他系属的方言片、方言岛

除了上述三类,贵州还有些其他系属的方言片和方言岛,包括:(1)屯堡话,包括安顺和平坝之间地区,东到平坝、长顺西北,西到镇宁,北到普定,南到紫云;(2)酸汤话,是湘黔边界苗族的汉语方言,包括天柱清水江沿岸、湖南会同县的炮团、朗江、蒲稳等地区,天柱清水江沿岸10个乡镇又分为远口片、地湖片、垄处片、白市片、翁洞片;(3)喇叭话,包括黔西南晴隆县的中云、鲁打、长流、新民、花贡、纳屯、河塘,普安的龙吟、丫口、石古、毛坪,六盘水六枝的中寨等地区。

(二)贵阳话的语音特点

1. 边鼻音不分,自由变读。
2. 无翘舌声母,普通话翘舌声母相应地并入平舌声母。
3. 有舌根鼻音声母[ŋ]。
4. [u]韵母前[f][h]合流,如:"福""胡"同音。
5. 部分见组二等字读团音,如:"街""鞋""巷"的声母分别读为g、k、h。
6. 部分疑母字声母为[l(n)],如:业、严、仰。
7. 受普通话影响,从无撮口呼发展为有撮口呼。
8. 后鼻韵母ing、eng、ueng,分别并入in、en、ong。
9. 有[io][iu][uɛ]等来自古入声的韵母,如:"脚""屈""蓄""国"。
10. 声调上"入归阳平",即古入声与阳平合流,如:"八""国""百""色"。

第二节 西南地区学习普通话的难点音

一般来说,普通话学习中最基础的部分是字词学习。进入高阶段二甲以上,字词控制的能力较好,但是在语句上出现的问题较多。最后是进入语音面貌较好的一级水平。对于西南官话区的贵州人来说,要达到这个标准有几组难点音需要克服。

一、声母

普通话声母一共21个,全部是辅音。一般来说,除了儿化韵,汉语一个汉字读出来就是一个音节。一个音节中,处于音节首位的辅音就是声母。辅音的发音特点是:第一,成阻,即气流通过咽头、口腔时,要受到某个部位的阻碍;第二,紧张,发音器官成阻部位特别紧张;第三,气流较强;第四,响度,声带不一定颤动,声音不响亮。

(一)声母分类

要读好声母,必须掌握声母的两种分类。

第一,按发音部位(气流成阻部位)分为:

双唇音(上下唇阻碍气流):b、p、m。

唇齿音(上齿和下唇阻碍气流):f。

舌尖前音(舌尖抵住齿背阻碍气流):z、c、s。

舌尖中音(舌尖抵住上齿龈阻碍气流):d、t、n、l。

舌尖后音(舌尖接近硬腭前部阻碍气流):zh、ch、sh、r。

舌面音(舌面前部接近硬腭前部阻碍气流):j、q、x。

舌根音(舌面后部接近软腭阻碍气流):g、k、h。

第二,按发音方法(阻碍的方式)分为:

塞音(发音部位闭塞,软腭上升,堵塞鼻腔,气流冲破阻碍,迸发成声):b、p、d、t、g、k。

塞擦音(发音部位闭塞,软腭上升,堵塞鼻腔,气流从窄缝挤出摩擦成声):j、q、zh、z、ch、c。

擦音(发音部位接近留缝,软腭上升,堵塞鼻腔,气流从窄缝挤出摩擦成声):f、h、x、sh、s、r。

鼻音(口腔发音部位完全闭塞,软腭下降,鼻腔打开,气流颤动声带从鼻腔发出):m、n。

边音(舌尖与上齿龈接触,舌两边留缝,软腭上升,堵塞鼻腔,气流颤动声带从舌两边发出):l。

(二)平翘舌

对于西南官话区的人来说,声母的难点是平翘舌和边鼻音。平翘不分,边鼻不分,即 z、c、s 和 zh、ch、sh、r 不分,l 和 n 不分。

平翘舌的区别,最主要是在发音部位上。平舌是舌尖与齿龈形成阻碍,翘舌是舌尖与硬腭前部形成阻碍。简单说,发翘舌音,舌尖要稍稍上抬,接近硬腭前端。平舌音舌尖不能上抬,只是接近齿背。除发音问题以外,造成平翘、边鼻两组语音混乱的更大原因是需要区别开的平舌字和翘舌字记不住。所以,记字是分清平翘和边鼻音的第一步基本功。

普通话中,平舌音字少,翘舌音字多;鼻音字少,边音字多。学习时,提倡记少不记多。把字少的平舌音、鼻音的代表字和非代表字记住,其余的自然就是翘舌音和边音字。本章除了提供平舌音和鼻音代表字外,也附上了翘舌音和鼻音代表字,这样可以对比记忆,随时核对自己的发音是否正确。

1.平翘舌记字法

(1)声韵拼合记字法

韵母 ua、uai、uang 绝不跟平舌音相拼,只跟翘舌音相拼,一律念翘舌音。

如:zh 抓拽装庄妆壮状撞;ch 揣踹窗疮床闯创;sh 耍甩率双霜爽。

韵母 en 和平舌音 z、c、s 虽然相拼,但是只有少数的"怎""参""岑""森"几个字,其余的字都念翘舌音。如:zh 疹诊枕振震镇;ch 陈嗔瞋臣晨尘沉忱衬;sh 申伸呻身深神什沈审婶肾甚。

(2)声旁记字法

声旁念 d、t 的字,念翘舌音。如:d 滞绽澄橙佗蝉阐禅说税终铛擅颤膻鸥;t 治答始社撞懂瞠蛇纯肫。

声旁不念 d、t,但跟 d、t 有关的字,也念翘舌。如,寺(等待特):峙痔持诗侍恃。也(地他拖):池驰弛施。尤(耽):枕沈忱鸩。耑(端湍):揣踹喘惴。隹(堆推):稚锥翟准谁。享(敦):淳醇谆鹑。

(3)偏旁类推法

在接下来的平翘舌训练中,平舌音 z 的一个代表字"责",记住它是平舌音,代表字后面的例字中,带上平舌音"责"的"啧""渍"字,也是平舌音。需要注意的是,后面括号中的字是例外的翘舌字,也就是说,除了括号中的"债"是翘舌字外,其余带"责"的字都是平舌音。翘舌声母 r 的代表字不用记,因为没有与它相对应的平舌音,所以凡是碰到 r 声母的字,全部读翘舌。通过代表字的类推记忆,把 z、c、s 三组代表字全部记住,平翘舌就基本上能分清。

2.平翘舌训练

z—z	藏族	宗族	总则	祖宗	自足	自尊	自在	自责	造作
	最早	栽赃	再造	在座	遭罪	遭灾	走卒	罪责	粽子
c—c	层次	粗糙	摧残	璀璨	仓促	措辞	苍翠	草丛	参差
	从此	猜测	残存	匆匆	葱翠				
s—s	色素	洒扫	琐碎	松散	三思	思索	四散	搜索	诉讼
	送死	缫丝	僧俗	速算	散碎	素色	送死	三穗	
zh—zh	庄重	主治	主张	支柱	转折	转正	指针	战争	政治
	挣扎	郑重	装置	壮志	状纸	支柱	制止	找准	招展
	折中	这种	珍重	真挚	针织	诊治	执照	终止	中指
	种植	住宅	长者	住址	主旨				
ch—ch	超产	长城	船厂	传唱	传抄	穿插	车窗	车床	长处
	乘车	拆穿	初春	出产	出场	出厂	出处	出差	串场
	铲除	蟾蜍	查抄	查处	戳穿	惩处	充斥	抽查	唇齿
	产出	春潮	橱窗						

013

sh—sh	山水	双手	闪烁	神圣	霎时	傻事	沙石	身世	绅士
	审视	手术	手书	手势	赏识	伤势	上市	上升	上山
	上士	少数	设施	烧水	潲水	闪失	善事	膳食	杀手
	实施	事实	石狮	史诗	书生	书圣	失事	时事	述说
	水手	税收	水杉	硕士	首饰	守时	收视		
r—r	扰攘	冉冉	荏苒	忍让	仁人	人人	仍然	柔软	柔弱
	融入	荣辱	濡染	软弱	容忍	如若	闰日		

3.平翘舌口试（纵队测试）

字词 自此 早餐 杂草 紫菜 自裁 资财 参赞 存在 刺字 操纵
支持 专长 专场 砖厂 战船 征程 吃斋 车站 车展 车战 城镇 沉重

准则 沼泽 治罪 知足 振作 职责 赈灾 追踪 指责 铸造
壮族 渣滓 捉贼 著作 爪子 装载 制作 招租 种族 制造
作者 做主 自主 栽种 栽植 在职 自治 总之 组织 总账
阻止 杂志 资助 宗旨 自传 遵照 作战 增长 最终 再植
赞助 滋长 暂住

场次 陈醋 差错 唱词 冲刺 出彩 穿刺 储藏 除草 春蚕
初次 揣测 纯粹 尺寸 船舱 长辞 出操 炒菜 陈词 趁此
车次 串词 虫草 成才
财产 采茶 残喘 操场 餐叉 草创 操持 磁场 促成 错处
彩绸 餐车 粗茶 菜场 草船 辞呈 擦车 蚕丛 存查 藏处
仓储

哨所 深思 杀死 上溯 上司 上诉 石笋 世俗 殊死 食宿
时速 誓死 收缩 输送 神色 神速 疏松 疏散 申诉 双丝
失散 寿司 生死 胜似 守岁
散失 私事 松手 宿舍 诉说 随时 桑树 算术 所属 琐事
唆使 扫视 扫射 丧失 四声 四十 岁数 死守 塑身 松树
松鼠

认字 人散 认错 日子 润泽 润色 孺子 如醉 入座 褥子
如此 入仓 乳酸 如梭 软座 染色 热菜 肉粽

自然 自如 滋润 孜然 此人 次日 雌蕊 词人 私人 丝绒
残忍 从容 脆弱 杂糅 责任 阻挠 猝然 速溶

4.平翘舌代表字

（1）平舌代表字

z 代表字

子：孜仔籽字存　　　　　　　　　匝：砸咂

宗：综棕踪鬃粽淙　　　　　　　　卒：醉粹翠淬啐碎捽

责：啧渍（债）　　　　　　　　　自：咱

祖：粗租诅阻组砠䄵　　　　　　　兹：滋孳糍慈磁鹚

尊：遵樽鐏鳟撙噂　　　　　　　　曾：增憎甑赠僧

赞：攒瓒趱酂　　　　　　　　　　皂：臊澡燥躁藻操

臧：藏　　　　　　　　　　　　　择：泽

最：撮　　　　　　　　　　　　　梓：辞宰滓

奏：揍凑腠榛辏　　　　　　　　　左：佐呸祚

坐：座挫锉矬痤脞趖　　　　　　　载：哉栽裁戴

脏：赃　　　　　　　　　　　　　则：测恻厕（铡）

造：糙慥　　　　　　　　　　　　蚤：搔骚

族：镞簇蔟　　　　　　　　　　　总：聪捴

早：草

z 非代表字

走 钻 嘴 罪 做 灾 再 在 葬 凿 枣 皂 仄 贼 锃 姊 扎 杂 崽 邹 作 暂 怎 足 簪

c 代表字

才：材财（豺）　　　　　　　　　采：菜彩睬踩

参：惨掺骖（渗）　　　　　　　　仓：苍沧舱伧（创）

曹：嘈槽漕糟遭　　　　　　　　　岑：岺埁涔（梣）

此：雌疵紫呲跐龇佌泚呰呲（柴）　次：瓷咨资茨

从：丛怂耸枞苁纵疭　　　　　　　匆：葱囱

崔：催摧璀熣凗　　　　　　　　　寸：村忖时刌

差：搓蹉磋嵯艖　　　　　　　　　擦：蔡（察嚓）

错：醋措厝厝楚瘥

c 非代表字

刺 赐 氽 脆 猜 餐 残 蚕 灿 册 策 孱 惭 粲 蹙 蹴 卤 窜 层 篡 皴

s 代表字

思：锶偲愢媤缌腮鳃

散：撒馓潵

斯：撕嘶厮澌凘

四：驷泗柶

松：颂忪讼崧淞凇梥菘倯

叟：搜艘嗖飕馊溲瞍嫂（瘦）

宿：缩樎

塑：溯遡愬（朔）

遂：隧邃燧澻

梭：唆酸狻

琐：锁唢

塞：赛噻（寨）

桑：嗓搡颡槡磉褬

巳：祀汜

司：饲伺嗣词祠

速：悚竦涑簌嗽（漱）

素：愫嗉溹嫊傃

粟：僳

隋：随髓

孙：狲荪

索：嗦溹

s 非代表字

仨 飒 萨 丧 伞 洒 蒜 扫 缫 涩 瑟 色 夙 啬 森 死 寺 丝 蛳 私 所 肆 嵩 送 宋 诵 似 擞 俟 叁 损 算 娑 岁 虽 酥 苏 俗 笋 肃 祟 穗

（2）翘舌代表字

zh 代表字

丈：仗杖

支：枝肢吱翅

中：钟忠肿仲盅种衷冲

主：柱住驻注蛀炷拄

占：沾毡粘战砧苫

召：招昭诏照超绍

至：侄致窒蛭室

朱：诛侏茱珠蛛株殊姝

争：挣峥狰铮睁筝

折：哲蜇浙誓逝

直：值植殖置

珍：诊疹趁

振：赈震

啄：琢涿诼

詹：瞻赡

专：转传砖

止：址趾芷耻齿扯

长：张涨帐胀账

正：怔证征钲姃佂症政整

只：织职帜识

执：挚鸷蛰势

贞：侦帧

旨：指脂

志：痣

者：诸猪煮著渚奢储暑署薯

知：蜘踟智痴

真：镇缜慎禛

章：蟑彰獐障樟瘴幛漳璋嶂

翟：戳

朝：潮嘲

爪：抓   枕：沈忱

之：芝   治：始笞

周：绸稠   州：酬洲

撞：幢   卓：罩桌绰

乍：诈榨咋炸（怎昨作咋①）   斩：崭（暂惭）

庄：桩（脏赃）   壮：状妆装（奘）

隹：锥椎准稚谁（榫睢）   遮：蔗庶

zh 非代表字

闸 铡 眨 栅 斋 摘 债 寨 绽 颤 蘸 钊 兆 肇 螯 辄 这 针 甄 箴 圳 阵 鸠
秩 制 质 栀 治 滞 终 粥 妯 轴 咒 宙 胄 昼 骤 竹 祝 坠 赘

ch 代表字

叉：衩权钗   斥：拆（诉）

出：础绌黜苗拙   池：弛驰施

产：铲   场：肠畅

成：城诚盛   辰：晨唇振震

呈：程逞（铤）   昌：猖唱倡

垂：锤陲棰睡   春：椿蠢蝽

啜：缀辍   除：蜍滁

喘：踹揣   厨：橱

查：碴喳渣揸猹馇   馋：搀

颤：擅   尝：偿

撤：澈辙   乘：剩

橙：澄   丞：拯蒸

尺：迟   虫：触浊烛蚀

愁：揪   车：阵

吹：炊   追：槌

刍：雏皱绉诌（邹）

ch 非代表字

插 茬 豺 柴 掺 忏 巢 臣 瞠 承 骋 秤 齿 侈 豉 赤 翅 崇 宠 臭 初 楚 矗
穿 船 窗 床 闯 纯 吃 丑 缠

---

① 咋是多音字，有 zhà 和 zǎ 两种读音。

sh 代表字

山：舢汕训疝（灿）
市：柿
生：牲胜笙甥
师：狮筛（蛳）
诗：侍恃峙痔持（寺）
尚：赏裳常掌
舍：啥猞
删：珊姗跚栅（册）
扇：煽骟
率：摔蟀
衫：杉
勺：芍灼酌
失：秩
史：使驶
疏：蔬梳
说：税
霜：孀
摄：慑
石：跖

少：沙莎纱痧砂裟鲨抄吵钞炒（娑）
申：神伸呻绅审婶
式：试拭弑轼
抒：舒
叔：淑菽
受：授绶
刷：唰涮
稍：捎梢哨艄
孰：熟塾
善：缮膳鳝
单：禅阐蝉
舌：适
十：什针汁
寿：铸筹畴
属：嘱瞩
术：述怵
舜：瞬
守：狩

sh 非代表字

煞 傻 厦 晒 闪 陕 烧 社 涉 赦 身 哂 圣 尸 湿 拾 饰 释 嗜 噬 收 兽 书 戍 黍 售 输 赎 树 束 竖 恕 墅 耍 衰 甩 帅 闩 双 爽 水 顺 手 硕 蜀 鼠 首 朔 时 晌 升 声 屎

（三）边鼻音

西南官话区，边音 l 和鼻音 n 不分，这一组声母跟平翘舌一样，也是声母学习的一个难点。二者从发音部位上看，都是舌尖中音，发音时都是舌尖抵住上齿龈阻碍气流。二者的区别是在发音方法上，鼻音 n 口腔完全闭塞，软腭下降，鼻腔打开，气流颤动声带从鼻腔发出，而边音 l 是舌尖与上齿龈接触，舌两边留缝，软腭上升，堵塞鼻腔，气流颤动声带从舌两边发出。要区分开这两个声母，跟区分平翘舌一样，必须要把边音、鼻音两组字记牢。普通话中，鼻音字少，边音字多，也提倡"记少不记多"。

1.边鼻音记字法

(1)声韵拼合记字

韵母 ü、e、ei、eng、ang、in、iang、uan 都能跟 n、l 相拼。但是韵母 ou、ia、uen 只能跟边音 l 相拼,除了"耨"是例外的鼻音字,其余都是边音字。

(2)声旁记字

声旁和 er、r、zh、ch、i(y)有关的形声字,多数念鼻音 n。例如:er 倪你腻耐聂糯懦;r 匿诺溺捏;zh 粘黏鲇碾淰;ch 纽扭妞钮怩狃忸嫩(敕);i(y)挠蛲铙拟蔫凝拗。

声旁和 g、j、q 有关的形声字,多数念边音 l。例如:g 烙酪珞络落洛骆路露鹭赂略裸;j 蓝篮滥褴廉镰练炼晾凉谅掠绺;q 敛脸硷。

(3)偏旁类推法

先记数量较少的鼻音代表字。记忆时,跟上一讲所列举的平翘舌代表字用法一样。比如,在后面的鼻音代表字中找到"那",后边列举的凡带"那"的"哪""娜""挪"等字也都是鼻音字。记住全部鼻音字,其余就是边音字。

2.对比练习

l—n

水流——水牛	留恋——留念	旅客——女客	拉手——拿手
抓牢——抓挠	涝灾——闹灾	无赖——无奈	落雁——诺言
蓝裤——男裤	新粮——新娘	蓝天——南天	隆重——浓重
老子——脑子	犁地——泥地	鲢鱼——鲇鱼	大陆——大怒
连长——年长	小刘——小牛	拦住——难住	

3.边鼻音口试(纵队测试)

奶奶	奶娘	牛奶	袅娜	奶牛	恼怒	能耐	泥泞	呢喃	男女
年年	牛腩	忸怩	扭捏	农奴	女奴	泥淖	那年	哪年	南宁
难耐	难念	难弄	挠挠	奶农	撵你	你呢	哪能	弄弄	念念
你能	娘娘	暖暖	扭扭	捏捏	闹闹	捏弄			
姥姥	来历	理论	力量	联络	另类	玲珑	伶俐	留恋	榴莲
流浪	琉璃	流利	罗列	练练	龙里	凌厉	聊聊	凛冽	伦理
轮流	立论	沦落	劳累	拉拢	连累	琳琅	零落	领略	绫罗
凌乱	流落	笼络	露脸	流量	浏览	绿柳	嘹亮		
那里	哪里	脑力	年轮	农历	嫩绿	暖流	努力	内陆	能力
逆流	奶酪	耐劳	纳凉	奴隶	耐力	尼龙	年龄	女流	女郎

农林　牛郎　凝练　内乱　女篮　男篮　拿来　鸟笼　能量　闹铃
尿路　南路　你俩　弄来　年老　内敛
冷暖　林农　岭南　烂泥　留念　流年　连年　老农　老年　来年
累年　两难　落难　老牛　凌虐　遛鸟　老娘　利尿　拉尿　辽宁
理念　历年　老衲　龙女　列宁　蓝鸟　雷鸟　烈女　楼内　两年
流脓　两男　两女　赖你　来拿　六年

4.平翘舌、边鼻音以外的声母测试

b　版本　宝贝　表白　北部　办班　冰雹　八百　本班　奔波
　　摆布　彪炳　禀报　病变　褒贬　保镖　卑鄙

p　琵琶　品牌　偏僻　婆婆　瓢泼　品评　偏旁　匹配　拼盘
　　排炮　爬坡　铺派　攀爬　澎湃　评判　乒乓　批评

m　密码　门面　木门　眉目　迷茫　名目　秘密　蒙昧　梦寐
　　渺茫　泯灭　描摹　命脉　明媚　麻木　买卖　盲目

f　发福　方法　丰富　仿佛　繁复　吩咐　发疯　奋发　芬芳
　　风范　风帆　付费　蜂房　纷繁　犯法　分发　非法

d　达到　当地　等到　地点　到底　单独　吊顶　等待　滴答
　　搭档　弟弟　奠定　地段　定都　大胆　打赌　顶端

t　天梯　挑剔　抬头　淘汰　贪图　逃脱　探听　唐突　谈天
　　体态　调停　探讨　体贴　听筒　团体　头痛　忐忑

j　家具　解决　经济　交际　将就　接近　积极　结交　将近
　　交警　季节　京剧　简介　讲究　拒绝　境界　家教

q　齐全　祈求　乞求　恰巧　前期　窃取　亲戚　亲切　请求
　　确切　轻巧　情趣　缺勤　弃权　轻骑　奇缺　倾情

x　谢谢　学校　学习　信息　消息　休息　现象　形象　下线
　　心弦　选修　小学　小心　相信　细心　形象　瞎想

g　尴尬　公共　光棍　哥哥　广告　挂钩　更改　梗概　巩固
　　各国　改过　高估　改革　干锅　葛根　关顾　国歌

k　苛刻　空旷　刻苦　可口　困苦　亏空　开垦　苦口　可靠
　　宽阔　慷慨　坎坷　看看　开课　框框　旷课　开阔

h　回话　合伙　后悔　会话　豪华　黑户　恒河　横祸　红火
　　很好　换号　缓和　和好　黄河　恍惚　黄昏　辉煌

5.边鼻音代表字

(1)n代表字

那：哪娜挪	内：呐纳钠讷
奈：捺萘	乃：奶氖艿（仍）
南：楠喃腩	囊：曩馕攮齉
奴：怒弩努胬	挠：铙
脑：恼瑙	尼：妮泥呢昵旎铌怩
倪：霓睨鲵	你：您
念：捻鲶	辇：撵
娘：酿	鸟：袅茑
捏：涅	聂：镊蹑嗫
臬：镍	宁：拧柠咛泞狞
妞：纽扭钮忸狃	农：浓脓哝侬秾
诺：喏锘搦蹃	懦：糯
难：傩	

n非代表字

拿 耐 囡 囝 赧 孬 淖 闹 馁 嫩 能 恁 逆 腻 匿 溺 拟 蔫 廿 年 碾 啮 凝 佞 女 男 暖 孽 弄 牛

(2)l代表字

力：历沥荔劣肋勒疠	立：粒笠拉垃啦
厉：励砺蛎	里：理狸厘鲤娌哩锂俚
利：梨犁莉蜊俐痢	离：璃篱漓
仑：论轮伦纶抡沦囵	兰：烂栏拦
览：揽缆榄	蓝：篮滥褴
龙：笼聋拢泷珑陇垄胧	隆：窿癃
来：睐莱涞徕崃赉	赖：懒籁癞濑
腊：蜡猎	阑：澜斓谰
良：粮踉狼浪朗琅郎廊榔螂（娘酿）	劳：唠捞痨崂涝
老：佬姥铑	洛：落络骆咯烙酪赂略
雷：蕾镭擂	卢：庐芦炉泸颅驴鲈轳
录：碌禄绿氯	鹿：辘麓簏
丽：俪鹂骊郦逦	乐：砾栎跞
连：莲涟鲢链琏裢	廉：镰濂臁蠊

021

脸：敛潋　　　　　　　　　　　　梁：粱

凉：谅晾掠　　　　　　　　　　　两：俩辆

了：辽疗钉　　　　　　　　　　　柳：聊

嘹：撩僚燎瞭嘹缭寮獠　　　　　　列：咧烈裂趔冽

令：领玲灵零羚铃岭龄冷邻拎翎　　林：淋琳霖婪

蔺：躏　　　　　　　　　　　　　陵：绫鲮棱凌

留：溜遛榴馏瘤骝熘　　　　　　　流：硫琉鎏锍旒

娄：屡楼搂镂篓髅蒌崂瘘偻蝼喽溇褛　鲁：噜橹撸

路：露鹭璐潞蕗　　　　　　　　　吕：铝侣桐闾梠

虑：滤　　　　　　　　　　　　　峦：恋孪挛鸾銮栾滦娈㝈

罗：萝逻锣箩猡椤啰　　　　　　　累：骡螺摞漯镙瘰㘰

粦：麟鳞嶙䗲磷璘遴䐣翷　　　　　练：炼

辣：刺喇瘌㵟蝲

l 非代表字

岚 牢 磊 泪 类 礼 李 戾 栗 奁 帘 联 亮 料 临 吝 陋 漏 卤 陆 律 偻 愣 旅 乱 戮

二、韵母

普通话中除了儿化韵，一个字读出就是一个音节。音节开头是辅音声母，声母后面的部分就是韵母。韵母从构成上分为韵头、韵腹、韵尾。有一首包含 40 个韵的韵母歌《捕鱼》："人远江空夜，浪滑一舟轻。儿咏欸（ê）哟调，橹和嗳啊声。网罩波心月，竿穿水面云。鱼虾留瓮内，快活四时春。"这首韵母歌，除了"哟（io）"韵还有待商榷是否纳入韵母以外，其余的就是一般公认普通话的 39 个韵母。

韵母按结构分为三类：第一类，单韵母 10 个，包括舌面元音 a、o、e、ê、i、u、ü，舌尖元音-i[ɿ]、-i[ʅ]，卷舌元音 er；第二类，复韵母 13 个，包括前响 ai、ei、ao、ou，中响 iao、iou、uai、uei，后响 ia、ie、ua、uo、üe；第三类，鼻韵母 16 个，包括前鼻韵母 an、ian、uan、üan、en、in、uen、ün，后鼻韵母 ang、iang、uang、eng、ing、ueng、ong、iong。

韵母可以按照开头的元音口形来分类，凡 u 开头的韵母叫合口呼，凡 i 开头的韵母叫齐齿呼，凡 ü 开头的韵母叫撮口呼，这三类以外的元音开头的韵母就叫开口呼。

（一）撮口呼 ü 和卷舌音 er

普通话中有撮口呼，而西南官话中有很多地区没有撮口呼，例如，云南和贵州的兴义、盘县、安顺、都匀等地,因此这些地区分清齐齿呼和撮口呼是韵母教学的一个重点。齐齿呼 i 和撮口呼 ü,发音部位都在舌面,舌位都高,区别就在于唇形的圆展,齐齿呼 i 是嘴角咧开展唇,撮口呼 ü 要圆唇。

卷舌音,不能说成翘舌音。翘舌音是指声母的 zh、ch、sh、r,是辅音;而卷舌音是指韵母中的单韵母 er,它是元音。翘舌音发音时,舌尖靠近或抵住硬腭向后卷起。普通话中发卷舌音的字,在属于西南官话的贵州话中常发[ê],甚至发成更低的[ε]。

撮口呼、卷舌音口试(纵队测试)

语句	区域	豫剧	趋于	序曲	聚居	须臾	絮语	语序	渔具
雨具	屈曲	渔区	迂曲	雀跃	约略	月缺	雪月	决绝	均匀
军训	逡巡	芸芸	循循	轩辕	源泉	圆圈	全权	渊源	涓涓
远远	拳拳	寻寻	全局	全剧					

| 机缘 | 积怨 | 起源 | 奇冤 | 祈愿 | 戏院 | 西元 | 惜缘 | 席卷 | |
| 原籍 | 圆寂 | 元气 | 缘起 | 怨气 | 远期 | 院系 | 卷积 | 远离 | |

而且	而今	而后	而已	儿女	儿童	儿子	儿孙	儿语	儿媳
儿戏	儿歌	儿化	耳蜗	耳闻	耳穴	耳针	耳朵	耳熟	耳光
耳环	耳机	耳鸣	耳语	耳目	耳垂	耳郭	耳边	耳际	洱海
饵料	尔后	二胡	二十	二百	二千	二万	二亿	二话	
诱饵	进而	反而	继而	既而	然而	女儿	孙儿	婴儿	幼儿
小儿	偶尔	牛耳	木耳	银耳	卷耳	聂耳	顺耳	耳听八方	
逶迤	耳濡目染		耳熟能详		耳闻目睹		尔虞我诈		接二连三
出尔反尔		取而代之		耳目一新		耳聪目明			

(二)前后鼻音韵母 in、en 和 ing、eng

西南官话前后鼻音的问题,主要体现在 in 和 ing 的区别,及 en 和 eng 的区别,其他前鼻音韵母 an、uan、üan、ian、in、en、uen 和其他后鼻音韵母 ang、iang、uang、ong、iong 基本上问题不大。

西南官话学习者学习后鼻音韵母 eng、ing 时,出现的问题有两种。第一,后鼻音韵尾丢失,整个后鼻音既不靠前也不靠后,听感上类似前鼻音,因此,后鼻音就跟前鼻音 en、in 相混淆。第二,容易在元音 e、i 和后鼻音韵尾之间加上其他元音。所以在正音过程中,要找到后鼻音韵尾 ng 的正确位置,同时必须强调,发好 eng、ing 要先发好其中的元音 e 或 i,然后后鼻音韵尾 ng 紧接着这个元音,直接通过鼻腔冲出。

跟声母中的平翘不分、边鼻不分一样,韵母中的前后鼻音不分,最主要的原因是前鼻音韵母字和后鼻音韵母字没有记牢,无法区分。

在这一讲学习中,强调记字,是分清前后鼻音韵母的捷径。后面会给出后鼻音韵母的代表字,使用前面介绍的偏旁类推法记住纵队的代表字,便可推知凡带这个代表字的其他字几乎都是后鼻音,注意例字后面括号中列出的例外字即可。

1.前后鼻音韵母对比练习

en—eng

奔—崩	盆—鹏	粉—讽	闷—梦	根—耕
肯—坑	痕—横	岑—层	森—僧	人—仍
嫩—能	音—英	津—京	仅—井	寝—请
信—姓	彬—冰	贫—凭	民—明	饮—影
林—灵	您—宁	心—兴	陈—程	恩—鞥
勤—情	凛—领	怎—憎	门—盟	枕—整

分子—疯子	盆子—棚子	开门—开蒙
门牙—萌芽	根据—耕具	瓜分—刮风
吩咐—丰富	粉刺—讽刺	陈旧—成就
陈年—成年	诊治—整治	长针—长征
申明—声明	身世—生事	伸张—声张
分成—奉承	沉闷—成梦	粉尘—奉城
真理—争理	人参—人声	沉积—乘积
亲生—轻生	金质—精致	信誉—性欲
清真—清蒸	金鱼—鲸鱼	禁地—境地
尽头—镜头	信服—幸福	腰巾—妖精
不仅—布景	禁止—静止	频繁—平凡
抱紧—报警	亲近—清静	人民—人名
贫民—平民	临时—零食	金银—晶莹
亲信—庆幸	近邻—精灵	辛勤—性情

2.前后鼻音韵母口试(纵队测试)

信心　引进　近邻　濒临　民心　薪金　贫民　拼音　亲近　亲信
尽心　金银　殷勤　音信
振奋　身份　深圳　深沉　根本　人参　分神　愤恨　沉闷　婶婶
认真　本人　本分　审慎

经营　命令　明星　明镜　明净　叮咛　姓名　性命　性情　倾听

蜻蜓	清明	清静	清醒	评定	惊醒	轻盈	情境	情景	英灵
英明	伶仃	聆听	灵性	零星	应景	精灵	精明	精英	猩猩
冰凌	兵营	秉性	禀性	并行	行径	行星	定睛	定型	影评
荧屏	硬性	影星	宁静	晶莹					
登程	丰盛	丰登	风声	风筝	更正	更生	奉承	鹏程	生成
声称	省城	升腾	承蒙	称秤	生猛	生冷	登乘	争胜	萌生
蒸腾	争风	整风	增生	冷风	冷讽	风生	封城	圣城	成梦
风灯	猛增	逞能	乘风						

老翁	渔翁	蕹菜	齆鼻	蓊郁	瓮安	水瓮	白头翁	信天翁
嘤嘤嗡嗡	瓮中捉鳖	瓦罐瓮坛						

心情	禁令	新兴	民警	品行	聘请	进行	新型	尽情	心灵
听信	灵敏	轻信	倾心	清新	挺近	平民	迎新	警民	领巾
精心	真诚	本能	深层	奔腾	真正	神圣	纷争	门缝	人证
人称	认生	成本	成分	登门	承认	成人	诚恳	城镇	风神
缝纫	锋刃	能忍	能人						

3.后鼻音韵母代表字

(1) eng—ueng 代表字

风:疯枫讽凤　　　　　　　　正:证症整政征怔惩钲

生:笙甥牲胜性姓　　　　　　成:城诚盛晟铖

争:挣睁狰峥铮筝净净　　　　丞:拯蒸

亨:哼烹　　　　　　　　　　更:梗哽埂鲠莄绠浭粳硬

呈:程铛逞郢　　　　　　　　庚:赓

奉:俸捧　　　　　　　　　　朋:鹏棚硼崩蹦绷

孟:猛盟锰蜢艋勐　　　　　　丰:封烽锋峰蜂缝蓬篷蚌

乘:剩嵊秉　　　　　　　　　曾:赠增憎甑缯蹭噌僧

彭:澎膨嘭　　　　　　　　　登:瞪蹬噔澄镫凳橙

眷:滕腾藤　　　　　　　　　蒙:朦濛檬艨獴

坑:吭　　　　　　　　　　　声:馨磬(馨)

绳:蝇　　　　　　　　　　　仍:扔

骋:娉　　　　　　　　　　　愣:楞堎

翁:嗡蓊瓮

(2) ing 代表字

丁:盯叮疔顶订钉町酊仃耵汀宁拧咛泞狞柠聍亭停婷

并：饼屏摒瓶碰（拼）　　　　　丙：炳柄疢

乓：乓槟（宾滨鬓缤镔）　　　　明：盟萌

平：评坪苹萍呼抨怦秤

令：领玲零铃岭龄翎伶泠羚苓聆囹吟瓴蛉（邻拎）

名：铭茗酩　　　　　　　　　　廷：挺铤蜓梃艇庭霆

京：鲸惊景影憬璟　　　　　　　定：锭啶腚

英：瑛锳　　　　　　　　　　　经：茎径泾胫颈痉迳到轻氢

青：蜻氰请情清晴箐精菁靖睛静

冥：瞑溟暝　　　　　　　　　　夌：凌陵绫菱棱睖

形：型刑邢　　　　　　　　　　井：阱耕

星：醒猩腥惺戥　　　　　　　　幸：悻

竞：竟境镜境　　　　　　　　　敬：警儆擎

婴：樱嘤鹦缨瓔䴖

营：莹莺萤荧萦荥　　　　　　　盈：楹

膺：鹰　　　　　　　　　　　　顷：倾

（3）eng、ing 非代表字

eng：甭泵氓虹梦冯等邓疼耿铿郑瞠圣层羹省横恒衡

ing：冰禀凭命鼎凝旌兢晶庆兴行杏应迎赢映听鸣

三、声调

现代汉语各个方言中,声调最多的可以达到 10 个,最少的只有 3 个。普通话有四个调类。四个调类分别叫阴平、阳平、上声、去声。从实际发音上看,四个调类的调值分别是 55、35、214、51,所以它们的调型分别叫高平调、高升调、曲折调（降升调）、全降调,简单说是一平、二升、三曲、四降。西南官话跟普通话一样,有四个调,只是调值悬殊较大。

（一）上声训练

普通话调值最高到 5,最低到 1。西南官话中各地代表方言调值不一样,例如：四川话中成都话的四个调值分别是 44、41、52、13；贵州话中黔中片代表方言贵阳话的四个调值分别是 55、21、42、13。虽然总体调值都维持在 1 到 5,但就单个声调对比来看,在普通话中是上升调的,在西南官话中反而成了下降调。比如,普通话阳平是 35,成都话阳平是 41,贵阳话阳平是 21,普通话不但上扬,而且还要高到 5,而成都话和贵阳话阳平的最高调值只到 4 和 2。因此学习者碰到的第一个问题是调值偏低。第二个问题是上声。普通话上声调值是 214,起点在 2,降到 1,再提升到 4,而成都话是 52,贵阳话是42,都是降到2就戛然而止,没有普通话上声中从2降到1再攀升到4的曲折趋势。西南官话通常丢掉了214调值后面上扬的4,所以上声成为声调上的较大问题,需要着重训练调值低到1然后一直抬升到4,成为较为饱满的降升调。

1.阴平+上声

钢笔　风险　危险　出产　家长　操场　溪水　温暖　真理　芭蕾
深水　方法　消遣　追赶　扑倒　昏倒　栽倒　焦点　多嘴　牵手
开导　公里　天理　窝点　相好　威武　威猛　伤感　思考　思想
翻脸　肤浅　身手

2.阳平+上声

杨柳　洪水　明理　苹果　能手　茶水　纯碱　浏览　执法　驰骋
查找　没有　闲散　黔北　黄米　红米　弹指　得手　狂喜　烦恼
灵巧　评理　萍水　能写　能侃　能走　茶点　醇美　回想　行好

3.上声+上声

粉笔　版本　厂址　手法　守法　捧场　辅导　法语　语法　讲演
演讲　舞蹈　简朴　有理　宝塔　美好　采取　领导　选举　广场
保险　理想　选址　有礼　水果　口渴　鬼脸　小米　五指　指点
指使　想往　点火　俯首　洗脸

4.去声+上声

政府　字母　至少　冻雨　个体　戏曲　地理　跳舞　护理　在理
幸免　对等　浩渺　上瘾　密码　困苦　字典　向往　忆苦　散伙
笑脸　卧倒　幻想　试点　视点　视野

(二)入声

南朝齐、梁之间,汉语的声调就已经分为平、上、去、入四个了。后来声母分化,古平声中分出阴阳,清声母归阴调,浊声母归阳调。普通话的声调分成阴平(古清平)、阳平(古浊平)、上声(古清上+古浊上)、去声(古去声+古浊上)。古代的入声字在普通话中消失,分别派入普通话四个声调中,所以西南官话中的入声字,在普通话中有的读阴平,有的读阳平,有的读上声,有的读去声。下面按照阴、阳、上、去四个声调分别列出这些入声字,它们的声调要特别记忆。

1.阴平字

b　八捌　钵拨剥　逼　鳖憋

p　波泊　劈霹　撇瞥　扑仆　拍

m 摸抹

f 发

d 答搭褡 滴 跌 督 掇裰咄

t 塌 剔踢 帖贴 秃突 托脱

n 捏

l 拉 勒

c 擦 撮

s 撒 缩 塞

zh 只汁织 扎 桌卓倬捉涿拙 摘 粥

ch 吃 插 出 戳 拆

sh 湿虱失 杀 刷 说 叔淑菽

j 激迹击墼积绩缉屐 夹 揭结接 撅噘 镢鞠掬

q 七柒漆戚 切 掐 曲屈 缺

x 吸歙悉蟋析息熄惜昔夕汐锡晰淅蜥膝 瞎 歇楔蝎 薛 削

g 搁疙胳割鸽 刮 聒郭

k 瞌磕 哭窟

h 喝 忽惚唿 豁劐 黑

零声母 一壹揖押鸭压噎掖屋挖曰约

2.阳平字

b 拔跋钹 白 泊伯箔勃渤鹁博薄礴搏膊驳 别蹩 醭

p 仆璞濮

m 膜 没

f 乏伐筏阀垡罚 佛拂茀福幅蝠辐伏茯袱服菔祓绂

d 答瘩沓达鞑怛 得德 笛迪狄敌嫡镝觌翟涤籴的 碟蝶喋堞迭叠 独读犊牍渎毒 夺铎踱度

z 杂砸 则择泽责啧帻簀 贼 卒足族镞 昨

s 俗

zh 直值植殖执职 铡闸 折辙摺哲辄谪蛰 竹烛逐 妯轴 浊镯琢啄濯擢

ch 察

sh 十什拾石食蚀实识 舌折 熟孰赎

j 及级汲岌伋芨殛吉急即脊疾嫉蒺集籍辑戢棘 夹荚郏颊 结洁诘劫桀杰竭碣羯偈节捷睫截 局菊橘 决诀抉倔崛掘桷厥蕨獗橛蹶

谲觉爵嚼绝矍攫

x 席媳习袭檄　侠狭峡狎辖黠　协胁勰

g 格阁骼革隔膈　国帼虢

k 咳壳

h 合盒曷盍阂劾貉阖涸翮　活　斛　滑猾豁

零声母　额

3.上声字

b 笔　卜　百佰柏　北

p 癖擗匹

m 抹

f 法

d 笃

t 塔獭　铁帖

s 撒　索

zh 嘱瞩　眨　窄

ch 尺

sh 蜀属

r 辱

j 戟给脊　甲岬胛　蹶

q 乞　曲

x 雪　血　宿

g 骨鹘谷榖鹄汩古　葛

k 渴

零声母　恶　乙

4.去声字

b 必毖辟薜璧壁毕哔跸弼碧滗　不　薄

p 迫粕珀魄　僻

m 末抹沫茉秣莫寞漠默墨没殁脉陌　泌秘密蜜谧觅幂汨　灭蔑篾　木沐幕苜木牧睦穆

f 复腹覆蝮服缚

d 度镀　的

t 踏蹋榻挞　特　惕　拓箨

n 纳衲呐讷　匿溺逆　涅陧聂蹑镊臬孽蘖　诺搦　虐疟

l 辣瘌蜡腊 肋 仂勒乐 力立粒笠栗历枥沥疬雳砾栎郦 列冽猎烈裂躐鬣劣 辘鹿漉麓绿录禄碌逯戮陆六 洛雒络落烙骆珞 酪律率 略掠

z 仄 作柞酢 凿

c 侧测恻厕策册 促猝蔟蹙簇蹴

s 飒萨 塞 色涩啬穑瑟 肃速觫簌宿粟谡夙

zh 窒桎蛭郅秩陟炙质 浙 祝

ch 赤斥 彻撤澈 畜搐触怵黜绌矗 绰辍龊

sh 式拭轼室释适饰 煞霎歃 设摄慑涉 述术沭束 妁朔蒴槊烁铄硕 蟀

r 日 热 肉 入褥 若弱箬

j 鲫稷寂 剧 倔

q 迄讫泣契 恰洽 切妾窃 却确阕阙鹊雀

x 隙 吓 泄绁爇亵屑 恤畜蓄旭续 穴血

g 各

k 克客恪嗑 酷 阔括扩廓

h 赫喝鹤褐壑 或惑蝈镬藿霍

零声母 恶尊愕鄂鳄噩厄扼遏 弋亦奕易邑轶役疫亿忆臆译绎驿益镒 翼翊逸屹抑 液腋叶页业邺烨谒 兀勿物杌 沃握幄 玉钰域蜮浴欲峪毓育郁昱煜狱 月刖悦阅钺樾乐粤钥跃岳 药耀

(三) 异读词审音表①

A

阿①ā～訇、～罗汉、～木林、～姨,②ē～谀、～附、～胶、～弥陀佛
挨①āi～个、～近,②ái～打、～说 癌ái(统读) 霭ǎi(统读)
蔼ǎi(统读) 隘ài(统读) 谙ān(统读) 埯ǎn(统读)
昂áng(统读) 凹āo(统读) 拗①ào～口,②niù执～、脾气很～
坳ào(统读)

B

拔bá(统读) 把bà印～子 白bái(统读) 膀bǎng翅～
傍bàng(统读) 磅bàng过～ 鲍bāo(统读) 胞bāo(统读)

---

① 该表是1985年12月27日国家语言文字工作委员会、国家教育委员会(今国家教育部)和广播电视部(今国家新闻出版广播电影电视总局)发布的《普通话异读词审音表》。

爆 bào(统读)　　焙 bèi(统读)　　惫 bèi(统读)　　背 bèi～脊、～静
鄙 bǐ(统读)　　俾 bǐ(统读)　　笔 bǐ(统读)　　比 bǐ(统读)
庇 bì(统读)　　髀 bì(统读)　　避 bì(统读)　　辟 bì 复～
裨 bì～补、～益　　婢 bì(统读)　　痹 bì(统读)　　壁 bì(统读)
蝙 biān(统读)　　遍 biàn(统读)　　傧 bīn(统读)　　缤 bīn(统读)
濒 bīn(统读)　　鬓 bìn(统读)　　柄 bǐng(统读)　　波 bō(统读)
播 bō(统读)　　菠 bō(统读)　　帛 bó(统读)　　勃 bó(统读)
钹 bó(统读)　　箔 bó(统读)　　膊 bo 胳～　　卜 bo 萝～
醭 bú(统读)　　哺 bǔ(统读)　　捕 bǔ(统读)　　鹁 bǔ(统读)
埠 bù(统读)　　蚌①bàng 蛤～,②bèng～埠　　薄①báo(语)常单用,纸很～,②bó(文)多用于复音词,～弱、稀～、淡～、尖嘴～舌、单～、厚～　堡　①bǎo 碉～、～垒,②bǔ～子 吴～、瓦窑～、柴沟～,③pù 十里～　　暴①bào～露,②pù 一～(曝)十寒　臂①bì 手～、～膀,②bei 胳～　骠①biāo 黄～马,②piào～骑、～勇　屏①bǐng～除、～弃、～气、～息,②píng～藩、～风　剥①bō(文)～削,②bāo(语)　泊①bó 淡～、飘～、停～,②pō 湖～、血～　伯①bó～～(bo)、老～,②bǎi 大～子(丈夫的哥哥)　簸①bǒ 颠～,②bò～箕

C

残 cán(统读)　　惭 cán(统读)　　灿 càn(统读)　　藏①cáng 矿～,②zàng 宝～　糙 cāo(统读)　　嘈 cáo(统读)　　螬 cáo(统读)
厕 cè(统读)　　岑 cén(统读)　　差①chā(文)不～累黍、不～什么、偏～、色～、～别、视～、误～、电势～、一念之～、～池、～错、言～语错、一～二错、阴错阳～、～等、～额、～价、～强人意、～数、～异,②chà(语)～不多、～不离、～点儿,③cī 参～　　猹 chá(统读)
搽 chá(统读)　　阐 chǎn(统读)　　羼 chàn(统读)　　颤①chàn～动、发～,②zhàn～栗(战栗)、打～(打战)　　忏 chàn(统读)
伥 chāng(统读)　　场①chǎng～合、～所、冷～、捧～,②cháng 外～、圩～、～院、一～雨,③chang 排～　　钞 chāo(统读)
巢 cháo(统读)　　嘲 cháo～讽、～骂、～笑　　耖 chào(统读)
车①chē 安步当～、杯水～薪、闭门造～、螳臂当～,②jū(象棋棋子名称)
晨 chén(统读)　　称 chèn～心、～意、～职、对～、相～
撑 chēng(统读)　　乘 chéng 动作义,包～制、～便、～风破浪、～客、～势、～兴　　橙 chéng(统读)　　惩 chéng(统读)　　澄①chéng(文)

～清(～清混乱、～清问题)，②dèng(语)单用，把水～清了

痴 chī(统读)　　吃 chī(统读)　　弛 chí(统读)　　褫 chǐ(统读)

尺 chǐ～寸、～头　　豉 chǐ(统读)　　侈 chǐ(统读)　　炽 chì(统读)

舂 chōng(统读)　　冲 chòng～床、～模

臭①chòu 遗～万年，②xiù 乳～、铜～　　储 chǔ(统读)　　处 chǔ 动作义，～罚、～分、～决、～理、～女、～置

畜①chù 名物义，～力、家～、牲～、幼～，②xù 动作义，～产、～牧、～养　　触 chù(统读)

搐 chù(统读)　　绌 chù(统读)　　黜 chù(统读)　　闯 chuǎng(统读)

创①chuàng 草～、～举、首～、～造、～作，②chuāng ～伤、重～

绰①chuò ～～有余，②chuo 宽～　　疵 cī(统读)　　雌 cí(统读)

赐 cì(统读)　　伺 cì ～候　　枞①cōng ～树，②zōng ～阳〔地名〕

从 cóng(统读)　　丛 cóng(统读)　　攒 cuán 万头～动、万箭～心

脆 cuì(统读)　　撮①cuō ～儿、一～儿盐、一～儿匪帮，②zuǒ 一～儿毛

措 cuò(统读)

D

搭 dā(统读)　　答①dá 报～、～复，②dā ～理、～应　　打 dá 苏～、一～(十二个)　　大①dà ～夫(古官名)、～王(爆破～王、钢铁～王)，②dài ～夫(医生)、～黄、～王(山～王)、～城〔地名〕

呆 dāi(统读)　　傣 dǎi(统读)　　逮①dài(文)～捕，②dǎi(语)单用，～蚊子、～特务　　当①dāng ～地、～间儿、～年(指过去)、～日(指过去)、～天(指过去)、～时(指过去)、螳臂～车，②dàng 一个～俩、安步～车、适～、～年(同一年)、～日(同一时候)、～天(同一天)

档 dàng(统读)　　蹈 dǎo(统读)　　导 dǎo(统读)　　倒①dǎo 颠～、颠～是非、颠～黑白、颠三～四、倾箱～箧、排山～海、～板、～嚼、～仓、～嗓、～戈、潦～，②dào ～粪(把粪弄碎)　　悼 dào(统读)

纛 dào(统读)　　凳 dèng(统读)　　羝 dī(统读)　　氐 dī〔古民族名〕

堤 dī(统读)　　提 dī ～防　　的 dí ～当、～确　　抵 dǐ(统读)

蒂 dì(统读)　　缔 dì(统读)　　谛 dì(统读)　　点 dian 打～(收拾、贿赂)

跌 diē(统读)　　蝶 dié(统读)　　订 dìng(统读)

都①dōu ～来了、大～(大多)，②dū ～市、首～　　堆 duī(统读)

吨 dūn(统读)　　盾 dùn(统读)　　多 duō(统读)　　咄 duō(统读)

掇①duō("拾取、采取"义)，②duo 撺～、掂～　　裰 duō(统读)

踱 duó(统读)　　度 duó 忖～、～德量力

E

婀 ē(统读)

F

伐 fá(统读)　　　阀 fá(统读)　　　砝 fǎ(统读)　　　法 fǎ(统读)

发 fà 理～、脱～、结～　　　帆 fān(统读)　　　藩 fān(统读)

梵 fàn(统读)　　　坊①fāng 牌～、～巷,②fáng 粉～、磨～、碾～、染～、油～、谷～　　　妨 fáng(统读)　　　防 fáng(统读)　　　肪 fáng(统读)

沸 fèi(统读)　　　汾 fén(统读)　　　讽 fěng(统读)　　　肤 fū(统读)

敷 fū(统读)　　　俘 fú(统读)　　　浮 fú(统读)　　　服 fú～毒、～药

拂 fú(统读)　　　辐 fú(统读)　　　幅 fú(统读)　　　甫 fǔ(统读)

复 fù(统读)　　　缚 fù(统读)

G

噶 gá(统读)　　　冈 gāng(统读)　　　刚 gāng(统读)　　　岗 gǎng～楼、～哨、～子、门～、站～、山～子　　　港 gǎng(统读)　　　葛①gé～藤、～布瓜～,②gě〔姓〕(包括单、复姓)　　　隔 gé(统读)

革 gé～命、～新、改～　　　合 gě(一升的十分之一)　　　给①gěi(语)单用,②jǐ(文)补～、供～、供～制、～予、配～、自～自足　　　亘 gèn(统读)

更 gēng 五～、～生　　　颈 gěng 脖～子　　　供①gōng～给、提～、～销,②gòng 口～、翻～、上～　　　佝 gōu(统读)

枸 gǒu～杞　　　勾 gòu～当　　　估(除"～衣"读 gù 外,都读 gū)

骨(除"～碌""～朵"读 gū 外,其他都读 gǔ)　　　谷 gǔ～雨　　　锢 gù(统读)

冠①guān 名物义,～心病,②guàn 动作义,沐猴而～、～军

犷 guǎng(统读)　　　庋 guǐ(统读)　　　桧①guì〔树名〕,②huì〔人名〕秦～

刽 guì(统读)　　　聒 guō(统读)　　　蝈 guō(统读)　　　过(除姓氏读 guō 外,其他都读 guò)

H

虾 há～蟆　　　哈①hǎ～达,②hà～什蚂　　　汗 hán 可～

行①háng 银～,②xíng　　　巷 hàng～道　　　号 háo 寒～虫

和①hè 唱～、附～、曲高～寡,②huo 搀～、搅～、暖～、热～、软～

貉①hé(文)一丘之～,②háo(语)～绒、～子　　　壑 hè(统读)

褐 hè(统读)　　　喝 hè～采、～道、～令、～止、呼幺～六

鹤 hè(统读)　　　黑 hēi(统读)　　　亨 hēng(统读)

横①héng～肉、～行霸道,②hèng 蛮～、～财　　　訇 hōng(统读)

033

虹①hóng(文)～彩、～吸,②jiàng(语)单说　　　讧 hòng(统读)

囫 hú(统读)　　瑚 hú(统读)　　蝴 hú(统读)

桦 huà(统读)　　徊 huái(统读)　　踝 huái(统读)　　浣 huàn(统读)

黄 huáng(统读)　荒 huang 饥～(指经济困难)　　　　海 huì(统读)

贿 huì(统读)　　会 huì 一～儿、多～儿、～厌(生理名词)

混 hùn～合、～乱、～凝土、～淆、～血儿、～杂　　　蠖 huò(统读)

霍 huò(统读)　　豁 huò～亮　　获 huò(统读)

J

羁 jī(统读)　　击 jī(统读)　　奇 jī～数　　芨 jī(统读)

缉①jī 通～、侦～,②qī～鞋口　　几 jī 茶～、条～　　圾 jī(统读)

戢 jí(统读)　　疾 jí(统读)　　汲 jí(统读)　　棘 jí(统读)

藉 jí 狼～(籍)　　嫉 jí(统读)　　脊 jí(统读)　　纪①jǐ〔姓〕,②jì
～念、～律、纲～、～元　　　偈 jì～语　　绩 jì(统读)

迹 jì(统读)　　寂 jì(统读)　　箕 ji 簸～　　辑 ji 逻～

茄 jiā 雪～　　夹 jiā～带藏掖、～道儿、～攻、～棍、～生、～杂、～竹
桃、～注　　浃 jiā(统读)　　甲 jiǎ(统读)　　歼 jiān(统读)

鞯 jiān(统读)　　间①jiān～不容发、中～,②jiàn 中～儿、～道、～谍、
～断、～或、～接、～距、～隙、～续、～阻、～作、挑拨离～

趼 jiǎn(统读)　　俭 jiǎn(统读)　　缰 jiāng(统读)　　膙 jiǎng(统读)

嚼①jiáo(语)味同～蜡、咬文～字,②jué(文)咀～、过屠门而大～,③jiào
倒～(倒嚼)　　侥 jiǎo～幸　　角①jiǎo 八～(大茴香)、～落、独～
戏、～膜、～度、～儿(犄～)、～楼、勾心斗～、号～、口～(嘴～)、鹿～、
菜头～,②jué～斗、～儿(脚色)、口～(吵嘴)、主～儿、配～儿、～力、
捧～儿　　脚①jiǎo 根～,②jué～儿(也作"角儿",脚色)

剿①jiǎo 围～,②chāo～说、～袭　　校 jiào～勘、～样、～正

较 jiào(统读)　　酵 jiào(统读)　　嗟 jiē(统读)　　疖 jiē(统读)

结(除"～了个果子""开花～果""～巴""～实"念 jiē 之外,其他都念 jié)

睫 jié(统读)　　芥①jiè～菜(一般的芥菜)、～末,②gài～菜(也作"盖
菜")、～蓝菜　　矜 jīn～持、自～、～怜　　　仅 jǐn～～、绝无～有

谨 jǐn(统读)　　觐 jìn(统读)　　浸 jìn(统读)

斤 jin 千～(起重的工具)　　　　茎 jīng(统读)　粳 jīng(统读)

鲸 jīng(统读)　境 jìng(统读)　痉 jìng(统读)　劲 jìng 刚～

窘 jiǒng(统读)　究 jiū(统读)　纠 jiū(统读)　鞠 jū(统读)

鞠 jū(统读)　　掬 jū(统读)　　苴 jū(统读)　　咀 jǔ～嚼

矩 ①jǔ～形,②ju 规～　　　　　　俱 jù(统读)

龟 jūn～裂(也作"皲裂")　　菌 ①jūn 细～、病～、杆～、霉～,②jùn 香～、
～子　　俊 jùn(统读)

K

卡 ①kǎ～宾枪、～车、～介苗、～片、～通,②qiǎ～子、关～

揩 kāi(统读)　　慨 kǎi(统读)　　忾 kài(统读)　　勘 kān(统读)

看 kān～管、～护、～守　　慷 kāng(统读)　　拷 kǎo(统读)

坷 kē～拉(垃)　　疴 kē(统读)　　壳 ①ké(语)～儿、贝～儿、脑～、驳～
枪,②qiào(文)地～、甲～、躯～　　可 ①kě～～儿的,②kè～汗

恪 kè(统读)　　刻 kè(统读)　　克 kè～扣　　空 ①kōng～心砖、
～城计,②kòng～心吃药　　眍 kōu(统读)　　矻 kū(统读)

酷 kù(统读)　　框 kuàng(统读)　　矿 kuàng(统读)　　傀 kuǐ(统读)

溃 ①kuì～烂,②huì～脓　　篑 kuì(统读)　　括 kuò(统读)

L

垃 lā(统读)　　邋 lā(统读)　　罱 lǎn(统读)　　缆 lǎn(统读)

蓝 lan 苤～　　琅 láng(统读)　　捞 lāo(统读)　　劳 láo(统读)

醪 láo(统读)　　烙 ①lào～印、～铁、～饼,②luò 炮～(古酷刑)

勒 ①lè(文)～逼、～令、～派、～索、悬崖～马,②lēi(语)多单用

擂(除"～台""打～""～主"读 lèi 外,都读 léi)　　礌 léi(统读)

羸 léi(统读)　　蕾 lěi(统读)　　累 ①lèi 辛劳义,受～(受劳～),
②léi～赘,③lěi 牵连义,带～、～及、连～、赔～、牵～、受～(受牵～)

蠡 ①lí 管窥～测,②lǐ～县、范～　　喱 lí(统读)　　连 lián(统读)

敛 liǎn(统读)　　恋 liàn(统读)　　量 ①liàng～入为出、忖～,
②liang 打～、掂～　　踉 liàng～跄　　潦 liáo～草、～倒

劣 liè(统读)　　捩 liè(统读)　　趔 liè(统读)　　拎 līn(统读)

遴 lín(统读)　　淋 ①lín～浴、～漓、～巴,②lìn～硝、～盐、～病

蛉 líng(统读)　　榴 liú(统读)　　馏 ①liú(文)干～、蒸～,②liù(语)
～馒头　　镏 liú～金　　碌 liù～碡　　笼 ①lóng 名物义,
～子、牢～,②lǒng 动作义,～络、～括、～统、～罩

偻 ①lóu 佝～,②lǚ 伛～　　䁖 lou 眍～　　虏 lǔ(统读)

掳 lǔ(统读)　　露 ①lù(文)赤身～体、～天、～骨、～头角、藏头～尾、
抛头～面、～头(矿),②lòu(语)～富、～苗、～光、～相、～马脚、～头

橹 lǔ(统读)　　　　捋①lǚ～胡子,②luō～袖子　　　　绿①lù(语),②lù(文)～林、鸭～江　　　孪 luán(统读)　　挛 luán(统读)

掠 lüè(统读)　　　囵 lún(统读)　　　络 luò～腮胡子　　落①luò(文)～膘、～花生、～魄、涨～、～槽、着～,②lào(语)～架、～色、～炕、～枕、～儿、～子(一种曲艺),③là(语)遗落义,丢三～四、～在后面

M

脉(除"～～"念 mòmò 外,其他都读 mài)　　　　　　　　漫 màn(统读)

蔓①màn(文)～延、不～不支,②wàn(语)瓜～、压～

牤 māng(统读)　　氓 máng 流～　　芒 máng(统读)　　铆 mǎo(统读)

瑁 mào(统读)　　虻 méng(统读)　　盟 méng(统读)　　祢 mí(统读)

眯①mí～了眼(灰尘等入目,也作"迷"),②mī～了一会儿(小睡)、～缝着眼(微微合目)　　　　靡①mí～费,②mǐ 风～、委～、披～

秘(除"～鲁"读 bì 外,其他都读 mì)　　泌①mì(语)分～,②bì(文)～阳〔地名〕

娩 miǎn(统读)　　缈 miǎo(统读)　　皿 mǐn(统读)　　闽 mǐn(统读)

茗 míng(统读)　　酩 mǐng(统读)　　谬 miù(统读)　　摸 mō(统读)

模①mó～范、～式、～型、～糊、～特儿、～棱两可,②mú～子、～具、～样

膜 mó(统读)　　摩 mó 按～、抚～　　　　　　　　　　嫫 mó(统读)

墨 mò(统读)　　糖 mò(统读)　　沫 mò(统读)　　缪 móu 绸～

N

难①nán 困～(或变轻声)、～兄～弟(难得的兄弟,现多用作贬义),②nàn 排～解纷、发～、刁～、责～、～兄～弟(共患难或同受苦难的人)

蝻 nǎn(统读)　　蛲 náo(统读)　　讷 nè(统读)　　馁 něi(统读)

嫩 nèn(统读)　　恁 nèn(统读)　　妮 nī(统读)　　拈 niān(统读)

鲇 nián(统读)　　酿 niàng(统读)

尿①niào 糖～症,②suī(只用于口语名词)～脬

嗫 niè(统读)　　宁①níng 安～,②nìng～可、无～、〔姓〕

忸 niǔ(统读)　　脓 nóng(统读)　　弄①nòng 玩～,②lòng～堂

暖 nuǎn(统读)　　衄 nù(统读)　　疟①nüè(文)～疾,②yào(语)发～子

娜①nuó 婀～、袅～,②nà〔人名〕

O

殴 ōu(统读)　　呕 ǒu(统读)

P

杷 pá(统读)　　琶 pá(统读)　　牌 pái(统读)　　排 pǎi～子车

迫 pǎi ~击炮　　　　湃 pài(统读)　　　　爿 pán(统读)　　　　胖 pán 心广体~

蹒 pán(统读)　　　　畔 pàn(统读)　　　　乓 pāng(统读)　　　　滂 pāng(统读)

脬 pāo(统读)　　　　胚 pēi(统读)　　　　喷①pēn~嚏,②pèn~香,③pen 嚏~

澎 péng(统读)　　　　坯 pī(统读)　　　　披 pī(统读)

匹 pǐ(统读)　　　　僻 pì(统读)　　　　譬 pì(统读)

片①piàn~子、唱~、画~、相~、影~、~儿会,②piān(部分口语词)~子、~儿、唱~儿、画~儿、相~儿、影~儿

剽 piāo(统读)　　　　缥 piāo~缈　　　　撇 piē~弃　　　　聘 pìn(统读)

乒 pīng(统读)　　　　颇 pō(统读)　　　　剖 pōu(统读)　　　　仆①pū 前~后继,②pú~从

扑 pū(统读)　　　　朴①pǔ 俭~、~素、~质,②pō~刀,③pò~硝、厚~　　　　蹼 pǔ(统读)　　　　瀑 pù~布　　　　曝①pù 一~十寒,②bào~光(摄影术语)

Q

栖 qī 两~　　　　戚 qī(统读)　　　　漆 qī(统读)　　　　期 qī(统读)

蹊 qī~跷　　　　蛴 qí(统读)　　　　畦 qí(统读)　　　　萁 qí(统读)

骑 qí(统读)　　　　企 qǐ(统读)　　　　绮 qǐ(统读)　　　　杞 qǐ(统读)

械 qì(统读)　　　　洽 qià(统读)　　　　签 qiān(统读)　　　　潜 qián(统读)

荨①qián(文)~麻,②xún(语)~麻疹　　　　嵌 qiàn(统读)

欠 qian 打哈~　　　　戕 qiāng(统读)　　　　镪 qiāng~水

强①qiáng~渡、~取豪夺、~制、博闻~识,②qiǎng 勉~、牵~、~词夺理、~迫、~颜为笑,③jiàng 倔~　　　　襁 qiǎng(统读)　　　　跄 qiàng(统读)

悄①qiāo~~儿的,②qiǎo~默声儿的　　　　橇 qiāo(统读)

翘①qiào(语)~尾巴,②qiáo(文)~首、~楚、连~　　　　怯 qiè(统读)

挈 qiè(统读)　　　　趄 qie 趔~　　　　亲①qīn~人,②qìng~家

侵 qīn(统读)　　　　衾 qīn(统读)　　　　噙 qín(统读)　　　　倾 qīng(统读)

穹 qióng(统读)　　　　黢 qū(统读)　　　　曲 qū 大~、红~、神~

渠 qú(统读)　　　　瞿 qú(统读)　　　　蠼 qú(统读)　　　　苣 qǔ~荬菜

龋 qǔ(统读)　　　　趣 qù(统读)　　　　雀 què~斑、~盲症

R

髯 rán(统读)　　　　攘 rǎng(统读)　　　　桡 ráo(统读)　　　　绕 rào(统读)

任 rén〔姓,地名〕　　　　妊 rèn(统读)　　　　扔 rēng(统读)　　　　容 róng(统读)

糅 róu(统读)　　　　茹 rú(统读)　　　　孺 rú(统读)　　　　蠕 rú(统读)

辱 rǔ(统读)　　　　挼 ruó(统读)

S

靸 sǎ(统读)　　噻 sāi(统读)　　散①sǎn 懒～、零零～～、～漫,②零～

丧 sàng 哭～着脸　扫①sǎo～兴,②sào～帚

埽 sào(统读)　　色①sè(文),②shǎi(语)　　塞①sè(文)动作义,②sāi(语)名物义,活～、瓶～；动作义,把洞～住

森 sēn(统读)　　煞①shā～尾、收～,②shà～白

啥 shá(统读)　　厦①shà(语),②xià(文)～门、噶～

杉①shān(文)紫～、红～、水～,②shā(语)～篙、～木

衫 shān(统读)　　姗 shān(统读)　　苫①shàn 动作义,～布,②shān 名物义,草～子

墒 shāng(统读)　　猞 shē(统读)　　舍 shè 宿～

慑 shè(统读)　　摄 shè(统读)　　射 shè(统读)　　谁 shéi,又音 shuí

娠 shēn(统读)　　什 shén～么　　蜃 shèn(统读)

葚①shèn(文)桑～,②rèn(语)桑～儿　　胜 shèng(统读)

识 shí 常～、～货、～字　　似 shì～的　　室 shì(统读)

螫①shì(文),②zhē(语)　　匙 shi 钥～　　殊 shū(统读)

蔬 shū(统读)　　疏 shū(统读)　　叔 shū(统读)　　淑 shū(统读)

菽 shū(统读)　　熟①shú(文),②shóu(语)　　署 shǔ

曙 shǔ(统读)　　漱 shù(统读)　　戍 shù(统读)　　蟀 shuài(统读)

孀 shuāng(统读)　说 shuì 游～　　数 shuò～见不鲜

硕 shuò(统读)　　朔 shuò(统读)　　艘 sōu(统读)　　嗾 sǒu(统读)

速 sù(统读)　　塑 sù(统读)　　虽 suī(统读)　　绥 suí(统读)

髓 suǐ(统读)　　遂①suì 不～、毛～自荐,②suí 半身不～

隧 suì(统读)　　隼 sǔn(统读)　　莎 suō～草

缩①suō 收～,②sù～砂密(一种植物)　　唆 suō(统读)　　索 suǒ(统读)

T

趿 tā(统读)　　鳎 tǎ(统读)　　獭 tǎ(统读)

沓①tà 重～,②ta 疲～,③dá 一～纸

苔①tái(文),②tāi(语)　　探 tàn(统读)　　涛 tāo(统读)

悌 tì(统读)　　佻 tiāo(统读)　　调 tiáo～皮

帖①tiē 妥～、伏伏～～、俯首～耳,②tiě 请～、字～儿,③tiè 字～、碑～

听 tīng(统读)　　庭 tíng(统读)　　骰 tóu(统读)　　凸 tū(统读)

突 tū(统读)　　颓 tuí(统读)　　蜕 tuì(统读)　　臀 tún(统读)

唾 tuò(统读)

W

娲 wā(统读)　　挖 wā(统读)　　瓦 wà～刀　　喎 wāi(统读)

蜿 wān(统读)　　玩 wán(统读)　　惋 wǎn(统读)　　脘 wǎn(统读)

往 wǎng(统读)　　忘 wàng(统读)　　微 wēi(统读)　　巍 wēi(统读)

薇 wēi(统读)　　危 wēi(统读)　　韦 wéi(统读)　　违 wéi(统读)

唯 wéi(统读)　　圩①wéi～子，②xū～(墟)场　　纬 wěi(统读)

委 wěi～靡　　伪 wěi(统读)　　萎 wěi(统读)

尾①wěi～巴，②yǐ马～儿　　尉 wèi～官　　文 wén(统读)

闻 wén(统读)　　紊 wěn(统读)　　喔 wō(统读)　　蜗 wō(统读)

硪 wò(统读)　　诬 wū(统读)　　梧 wú(统读)　　牾 wǔ(统读)

乌 wù～拉(也作"靰鞡")、～拉草　　杌 wù(统读)　　鹜 wù(统读)

X

夕 xī(统读)　　汐 xī(统读)　　晰 xī(统读)　　析 xī(统读)

皙 xī(统读)　　昔 xī(统读)　　溪 xī(统读)　　悉 xī(统读)

熄 xī(统读)　　蜥 xī(统读)　　螅 xī(统读)　　惜 xī(统读)

锡 xī(统读)　　樨 xī(统读)　　袭 xí(统读)　　檄 xí(统读)

峡 xiá(统读)　　暇 xiá(统读)　　吓 xià 杀鸡～猴

鲜 xiān 屡见不～、数见不～　　锨 xiān(统读)　　纤 xiān～维

涎 xián(统读)　　弦 xián(统读)　　陷 xiàn(统读)　　霰 xiàn(统读)

向 xiàng(统读)　　相 xiàng～机行事　　淆 xiáo(统读)

哮 xiào(统读)　　些 xiē(统读)　　颉 xié～颃　　携 xié(统读)

偕 xié(统读)　　挟 xié(统读)　　械 xiè(统读)　　馨 xīn(统读)

囟 xìn(统读)　　行 xíng 操～、德～、发～、品～

省 xǐng 内～、反～、～亲、不～人事　　芎 xiōng(统读)

朽 xiǔ(统读)　　宿 xiù 星～、二十八～　　煦 xù(统读)

蓿 xu 苜～　　癣 xuǎn(统读)

削①xuē(文)剥～、～减、瘦～，②xiāo(语)切～、～铅笔、～球

穴 xué(统读)　　学 xué(统读)　　雪 xuě(统读)

血①xuè(文)用于复音词及成语，贫～、心～、呕心沥～、～泪史、狗～喷头，②xiě(语)口语多单用，流了点儿～、鸡～、～晕、～块子等

谑 xuè(统读)　　寻 xún(统读)　　驯 xùn(统读)　　逊 xùn(统读)

熏 xùn 煤气～着了　　徇 xùn(统读)　　殉 xùn(统读)

蕈 xùn(统读)

Y

押 yā(统读)　　　崖 yá(统读)　　　哑 yǎ～然失笑　　　亚 yà(统读)

殷 yān～红　　　芫 yán～荽　　　筵 yán(统读)　　　沿 yán(统读)

焰 yàn(统读)　　　夭 yāo(统读)　　　肴 yáo(统读)　　　杳 yǎo(统读)

窅 yǎo(统读)　　　钥①yào(语)～匙,②yuè(文)锁～　　　曜 yào(统读)

耀 yào(统读)　　　椰 yē(统读)　　　噎 yē(统读)　　　叶 yè～公好龙

曳 yè 弃甲～兵、摇～、～光弹　　　屹 yì(统读)　　　轶 yì(统读)

谊 yì(统读)　　　懿 yì(统读)　　　诣 yì(统读)

艾 yì 自怨自～　　　荫 yìn(统读)("树～""林～道"应作"树阴""林阴道"①)

应①yīng～届、～名儿、～许、提出的条件他都～了、是我～下来的任务？
②yìng～承、～付、～声、～时、～验、～邀、～用、～运、～征、里～外合

萦 yíng(统读)　　　映 yìng(统读)　　　佣 yōng～工　　　庸 yōng(统读)

臃 yōng(统读)　　　雍 yōng(统读)　　　拥 yōng(统读)　　　踊 yǒng(统读)

咏 yǒng(统读)　　　泳 yǒng(统读)　　　莠 yǒu(统读)　　　愚 yú(统读)

娱 yú(统读)　　　愉 yú(统读)　　　伛 yǔ(统读)　　　屿 yǔ(统读)

吁 yù 呼～　　　跃 yuè(统读)　　　晕①yūn～倒、头～、
血～、～车　　　酝 yùn(统读)　　　　　　　　　②yùn 月～、

Z

匝 zā(统读)　　　杂 zá(统读)　　　载①zǎi 登～、记～,②zài 搭～、
怨声～道、重～、装～、～歌～舞　　　簪 zān(统读)　　　咱 zán(统读)

暂 zàn(统读)　　　凿 záo(统读)

择①zé 选～,②zhái～不开、～菜、～席　　　贼 zéi(统读)

憎 zēng(统读)　　　甑 zèng(统读)　　　喳 zhā 唧唧～～

轧(除～钢、～辊念 zhá 外,其他都念 yà)(gá 为方言,不审)

摘 zhāi(统读)　　　粘 zhān～贴　　　涨 zhǎng～落、高～

着①zháo～慌、～急、～家、～凉、～忙、～迷、～水、～雨,②zhuó～落、
～手、～眼、～意、～重、不～边际,③zhāo 失～

沼 zhǎo(统读)　　　召 zhào(统读)　　　遮 zhē(统读)　　　蜇 zhé(统读)

辙 zhé(统读)　　　贞 zhēn(统读)　　　侦 zhēn(统读)　　　帧 zhēn(统读)

胗 zhēn(统读)　　　枕 zhěn(统读)　　　诊 zhěn(统读)　　　振 zhèn(统读)

知 zhī(统读)　　　织 zhī(统读)　　　脂 zhī(统读)　　　植 zhí(统读)

---

① 《现代汉语词典》(第6版)中规定应作"树荫""林荫道",念 yīn。

殖①zhí 繁～、生～、～民,②shi 骨～　　指 zhǐ(统读)　　掷 zhì(统读)

质 zhì(统读)　　蛭 zhì(统读)　　秩 zhì(统读)　　栉 zhì(统读)

炙 zhì(统读)　　中 zhōng 人～(人口上唇当中处)

种 zhòng 点～(义同"点播"。动宾结构念 diǎnzhǒng,义为点播种子)

诌 zhōu(统读)　　骤 zhòu(统读)　　轴 zhòu 大～子戏、压～子

碡 zhou 碌～　　烛 zhú(统读)　　逐 zhú(统读)　　属 zhǔ～望

筑 zhù(统读)　　著 zhù 土～　　转 zhuǎn 运～　　撞 zhuàng(统读)

幢①zhuàng 一～楼房,②chuáng 经～(佛教所设刻有经咒的石柱)

拙 zhuō(统读)　　茁 zhuó(统读)　　灼 zhuó(统读)　　卓 zhuó(统读)

综 zōng～合　　纵 zòng(统读)　　粽 zòng(统读)　　镞 zú(统读)

组 zǔ(统读)　　钻①zuān～探、～孔,②zuàn～床、～杆、～具

佐 zuǒ(统读)　　唑 zuò(统读)　　柞①zuò～蚕、～绸,②zhà～水(在陕西)

做 zuò(统读)　　作(除"～坊"读 zuō 外,其余都读 zuò)

(四)声韵调练习

接下来集中进行平翘舌声母、边鼻音声母与前后鼻音韵母词语训练。

en＋eng

神圣　神灯　人生　真正　认证　本能　奔腾

eng＋en

生根　承认　成本　省份　征文　冷门　等分　政审　诚恳　登门

in＋ing

新颖　金星　禁令　银屏　尽情　心病　阴影　引擎　银杏

ing＋in

听音　清贫　省亲　挺近　迎亲　倾心　精心　拧紧

B

en

奔跑　奔驰　奔命　奔走　奔波　奔放　奔赴　奔流　奔腾　奔涌

贲门　本来　本地　本人　本身　本体　本性　本事　本质　本领

本能　本部　本行　本家　本钱　本色　本土　本位　本意　本原

本义　本源　本字　本子　笨重　笨拙

eng

崩溃　崩塌　崩裂　绷带　绷紧　迸发　迸裂　蹦跳　蹦极　蹦高

泵压　水泵

in

宾客　宾语　宾主　宾馆　傧相　缤纷　濒临　濒于　鬓角　鬓发

041

		两鬓	殡车	殡葬	髌骨				
	ing								
		兵种	兵力	兵法	兵家	兵器	兵团	兵役	兵营	兵站	冰雹
		冰凉	冰砖	冰川	冰点	冰窖	冰冻	冰冷	冰山	冰箱	槟榔
		丙纶	饼干	饼子	秉性	秉公	屏气	屏住	屏息	禀性	手柄
		彪炳	病人	病例	病历	病菌	病变	病毒	病理	病情	病程
		病床	病房	病故	病害	病号	病根	病史	病逝	病榻	病痛
		病态	病因	病原	病灶	病症	并存	并行	并且	并用	并发
		并肩	并进	并联	并举	并列	并排	并行	并重	摒弃	
C	en									
		参差								
	eng								
		层次	曾经	蹭破	磨蹭					
	en								
		尘世	尘土	尘埃	沉浸	沉着	沉静	沉醉	沉淀	沉寂	沉积
		沉默	沉重	沉降	沉闷	沉没	沉吟	沉郁	辰时	晨光	晨曦
		晨星	臣子	臣民	陈旧	陈醋	陈述	陈腐	陈规	陈迹	陈列
		陈设	趁机	趁势	趁早	衬裤	衬衫	衬托	衬衣	称心	称职
	eng									
		撑腰	称道	称号	称呼	称赞	称霸	称谓	称颂	城楼	城墙
		城市	城镇	城堡	城郊	城区	成熟	成本	成虫	成分	成功
		成果	成绩	成就	成立	成心	成员	成年	成人	成为	成效
		成语	成长	成败	成才	成材	成风	成活	成家	成见	成交
		成亲	成全	成书	成套	成天	成行	成因	丞相	诚实	诚心
		诚信	诚恳	诚挚	诚然	呈现	呈献	乘除	乘机	乘凉	乘客
		乘法	乘方	乘积	乘坐	程度	程序	程式	惩处	惩罚	惩治
		惩办	惩戒	澄清	橙黄	橙子	承揽	承诺	承认	承受	承包
		承担	承办	承继	承建	承袭	逞能	逞强	秤杆	秤砣	
D	eng									
		灯笼	灯盏	灯罩	灯塔	登记	登陆	登场	登高	登门	登山
		登台	登载	蹬脚	蹬腿	等次	等闲	等号	等价	等式	等同
		瞪眼	凳子								

ing

叮咚	叮嘱	叮当	叮咛	丁香	丁零	盯梢	盯住	钉子	钉耙
顶峰	顶棚	顶撞	顶嘴	顶点	顶端	顶替	顶岗	鼎沸	鼎立
鼎盛	定理	定量	定律	定论	定额	定期	定向	定型	定义
定点	定都	定购	定价	定居	定局	定论	定名	定神	定时
定位	定性	定型	定语	定员	定岗	定罪	订立	订正	订货
订购	订婚	银锭							

F en

吩咐	分册	分寸	分数	分钟	分辨	分兵	分担	分队	分发
分割	分隔	分管	分红	分家	分居	分流	分娩	分蘖	分派
分清	分手	分摊	分享	芬芳	纷繁	纷扰	纷纭	纷纷	纷乱
纷争	氛围	坟地	坟墓	坟茔	坟头	焚毁	焚烧	汾酒	粉笔
粉条	粉底	粉饼	粉碎	粉末	粉尘	粉刺	粉红	粉剂	粉饰
分量	分外	分子	份额	奋斗	奋发	奋进	奋力	奋起	奋勇
奋战	愤恨	愤懑	愤慨	愤怒	愤然	粪便	粪土		

eng

丰盛	丰收	丰硕	丰腴	丰产	丰厚	丰满	丰年	封闭	烽火
烽烟	蜂蜡	蜂蜜	蜂房	蜂拥	蜂巢	蜂王	蜂窝	风景	风浪
风力	风凉	风流	风琴	风情	风雨	风波	风采	风潮	风车
风度	风范	风帆	风寒	风化	风貌	风靡	风趣	风沙	风尚
风声	风味	风水	风向	风箱	风行	风云	风韵	风姿	枫叶
枫树	封面	封赐	封赏	封口	疯狂	疯长	疯涨	疯子	疯病
峰峦	锋利	锋芒	烽火	逢迎	缝补	缝合	缝纫	讽刺	讽喻
讽诵	讽谏	缝隙	缝子	奉承	奉送	奉命	奉行	凤凰	凤梨
凤冠									

G en

| 根本 | 根除 | 根苗 | 根治 | 根植 | 根据 | 根源 | 根基 | 根子 | 跟前 |
| 跟头 | 跟踪 | 跟从 | 跟班 | 跟随 | | | | | |

eng

耕种	耕牛	耕地	耕耘	耕作	羹匙	羹汤	更改	更加	更换
更新	更正	更生	更易	更衣	更替	耿直	耿耿	哽塞	哽咽
梗阻	梗塞	梗概							

043

H en
痕迹 很多 狠毒 狠心 仇恨

eng
哼哼 亨通 恒久 恒心 恒星 恒定 恒温 衡量 横竖 横心
横行 横梁 横向 横渡 横亘 横贯 横扫 横财 横祸 专横
蛮横

J in
斤两 金属 金鱼 金币 金笔 金额 金牌 金融 金刚 金黄
金库 金石 金文 筋骨 今日 今天 今朝 今年 今生 今后
矜持 巾帼 襟怀 襟翼 禁受 津贴 津液 筋骨 筋斗 筋道
紧急 紧迫 紧俏 紧缩 紧密 紧张 紧逼 紧凑 紧缺 紧要
尽管 尽快 尽情 尽头 尽心 尽量 尽先 锦绣 锦旗 锦缎
锦纶 锦标 仅仅 谨慎 进程 进来 进去 进展 进逼 进步
进而 进攻 进化 进军 进口 进入 进行 进度 进发 进犯
进贡 进货 进退 进位 进驻 晋升 晋级 晋见 禁区 禁止
禁闭 禁锢 禁忌 禁令 近视 近似 近期 近来 近郊 近况
近亲 近海 近邻 近旁 劲头 浸泡 浸湿 浸润 浸透

ing
京剧 京戏 京城 京腔 京都 京韵 京师 惊人 惊诧 惊悚
惊醒 惊蛰 惊呆 惊异 惊吓 惊喜 惊奇 惊动 惊愕 惊骇
惊慌 惊惶 惊恐 惊扰 惊叹 惊险 惊疑 鲸鱼 精彩 精神
精力 精明 精密 精制 精米 精子 精确 精细 精心 精干
精光 精华 精简 精炼 精灵 精美 精辟 精品 精巧 精髓
精通 精卫 精微 精英 精湛 精致 粳米 腈纶 荆棘 荆条
荆州 晶莹 晶体 经常 经过 经济 经历 经理 经典 经费
经受 经验 经营 经度 经久 经络 经脉 经贸 经商 经线
经销 经由 井架 井然 井口 井水 警察 警告 警戒 警惕
警示 警报 警卫 警备 警车 警官 警觉 警犬 景色 景物
景致 景象 颈椎 颈部 颈子 颈骨 静脉 静态 静止 静物
静谧 静电 静默 静穆 境况 境遇 境地 境界 敬爱 敬礼
敬佩 敬老 敬重 敬酒 敬畏 敬仰 敬意 镜头 镜子 镜框
镜片 竟然 竞赛 竞争 竞技 竞走 竞相 净化 净重 痉挛
径赛 径自 径流 径直 胫骨 劲敌 劲旅 劲爆

K

en
肯定　啃啃　恳请　恳求　恳切　垦荒

eng
坑道　坑害　吭气　吭声　铿锵

L

eng
冷菜　冷藏　冷场　冷冻　冷风　冷心　冷静　冷却　冷水　冷笑
愣住

in
林场　林海　林立　林木　林区　林业　林带　林地　林荫　林子
磷肥　磷火　磷矿　磷脂　嶙峋　鳞片　鳞甲　临别　临场　临床
临近　临时　临到　临街　临界　临摹　临终　邻国　邻近　邻居
邻里　邻舍　淋雨　淋浴　淋湿　淋漓　淋巴　琳琅　凛冽　凛然
吝啬　吝惜　悭吝

ing
灵魂　灵活　灵机　灵巧　灵通　灵车　灵堂　灵霄　灵芝　灵感
灵敏　灵性　凌驾　凌厉　凌乱　凌晨　凌空　凌霄　菱角　陵墓
陵园　绫罗　羚羊　零件　零乱　零钱　零散　零售　零碎　零用
零星　零点　铃铛　玲珑　伶俐　聆听　翎毛　翎子　领取　领教
领袖　领导　领军　领略　领养　领钱　领事　领唱　领带　领域
领地　领队　领海　领土　领空　领口　领扣　领悟　领主　另外
另行　令箭

M

en
闷气　闷热　焖烧　焖熟　焖饭　焖肉　扪心　门口　门诊　门路
门帘　门面　门板　门道　门第　门户　门槛　门类　门铃　门票
门生　门徒　门牙

eng
蒙骗　蒙人　蒙昧　蒙蔽　蒙面　蒙受　蒙古　萌芽　萌动　萌发
盟国　盟友　联盟　懵懂　猛烈　猛然　猛兽　猛击　猛追　梦想
梦幻　梦话　梦境　梦乡　梦中　梦里　梦寐　梦呓

in
民族　民俗　民歌　民谣　民窑　民生　民主　民权　民众　民兵
民国　民事　民办　民法　民房　民工　民航　民警　民心　民意
民营　民用　民政　泯灭　闽语　闽南　闽北　闽东　抿嘴　敏捷

	敏感	敏锐								
	ing									
	明白	明亮	明了	明理	明确	明年	明显	明矾	明镜	明净
	明快	明朗	明媚	明日	明细	明晰	明星	明珠	鸣谢	鸣叫
	名称	名次	名利	名字	名词	名义	名额	名单	名贵	名家
	名流	名目	名牌	名片	名气	名山	名声	名胜	名师	名堂
	名下	名誉	名著	名厨	铭记	铭刻	铭文	冥想	螟蛉	命令
	命题	命运	命名	命脉	命中					
N	en									
	嫩绿	嫩黄	鲜嫩							
	eng									
	能动	能干	能够	能力	能量	能人	能手	能源	能耐	
	in									
	您好	您老	您早							
	ing									
	宁静	柠檬	拧紧	狞笑	凝结	凝固	凝聚	凝练	凝视	凝神
	凝望	宁可	宁愿	宁肯						
P	en									
	喷射	喷水	喷嚏	喷血	喷枪	喷发	喷泉	喷洒	喷涂	盆地
	盆景	盆栽	盆腔	盆子	喷香					
	eng									
	烹饪	烹调	烹制	抨击	嘭嘭	澎湖	澎湃	膨胀	膨大	蓬勃
	蓬头	蓬松	篷车	蓬乱	朋友	棚子	棚车	硼酸	捧场	捧腹
	捧哏	碰见	碰巧	碰头	碰撞					
	in									
	拼搏	拼命	拼死	拼写	拼音	拼法	拼凑	姘居	频繁	频率
	频道	频发	贫乏	贫苦	贫困	贫民	贫穷	贫寒	贫瘠	贫血
	品尝	品味	品行	品格	品性	品质	品德	品种	品位	聘请
	聘任	聘人	聘用							
	ing									
	乒乓	乒坛	苹果	平常	平时	平实	平视	平等	平衡	平静
	平面	平信	平淡	平头	平凡	平分	平均	平民	平日	平坦
	平行	平原	平价	平安	平板	平底	平地	平顶	平定	平反

平方	平房	平滑	平缓	平生	平素	平台	平稳	平移	平息
平庸	平整	凭借	凭据	凭证	凭仗	凭吊	凭空	瓶子	瓶胆
瓶颈	评定	评论	评审	评分	评价	评选	评比	评估	评奖
评剧	评判	评弹	评议	评语	屏障	屏风	屏幕		

Q in

钦佩	钦定	钦差	钦羡	侵犯	侵害	侵略	侵蚀	侵吞	侵袭
亲手	亲自	亲口	亲人	亲眷	亲戚	亲昵	亲密	亲切	亲热
亲属	亲疏	亲眼	亲友	亲爱	亲笔	亲临	亲朋	亲身	亲生
亲事	亲王	亲吻	亲信	亲缘	琴师	琴瑟	琴弦	琴键	秦朝
秦腔	秦国	勤快	勤恳	勤俭	勤勉	勤劳	勤奋	芹菜	禽兽
擒拿	擒捉	寝室	寝食	寝具	沁入	沁润	沁进		

ing

清淡	清单	清查	清茶	清晨	清楚	清除	清蒸	清纯	清香
清闲	清爽	清醒	清丽	清洁	清洗	清晰	清脆	清白	清澈
清风	清高	清官	清静	清冷	清凉	清净	清亮	清明	清扫
清瘦	清算	清洗	清闲	清新	清秀	清早	青菜	青春	青年
青苔	青鸟	青蛙	青松	青楼	青砖	青苗	青椒	青海	青草
青翠	青稞	青睐	青天	青铜	青衣	轻松	轻率	轻信	轻盈
轻淡	轻描	轻视	轻蔑	轻重	轻易	轻微	轻便	轻浮	轻骑
轻巧	轻柔	轻揉	轻率	氢弹	氢气	蜻蜓	倾听	倾诉	倾向
倾斜	倾倒	倾心	倾吐	倾销	倾泻	倾注	晴朗	晴空	晴天
情景	情感	情况	情绪	情愫	情理	情形	情操	情调	情人
情夫	情妇	情种	情圣	情爱	情报	情节	情趣	情结	情怀
情势	情欲	情愿	请柬	请客	请教	请求	请人	请假	请愿
顷刻	庆贺	庆祝	庆典	庆幸	亲家	馨竹	磬石		

R en

人才	人类	人力	人品	人格	人民	人生	人参	人身	人群
人潮	人海	人名	人命	人工	人家	人间	人均	人口	人士
人事	人体	人为	人物	人心	人性	人员	人缘	人造	人丁
人和	人际	人迹	人马	人情	人权	人文	人声	人手	人世
人像	人选	人烟	人中	人种	仁慈	仁爱	仁义	忍耐	忍受
忍让	忍心	忍痛	任何	任命	任务	任性	任凭	任意	任职
任教	任免	任期	任用	认定	认真	认识	认可	认为	认同

	认罪	韧带	韧性	韧劲	妊娠				
	eng								
	扔掉	扔出	扔下	扔了	仍然	仍旧	仍是		
S	en								
	森林	森严							
	eng								
	僧人	僧尼	僧侣						
	en								
	申报	申明	申请	申诉	申辩	申冤	呻吟	伸手	伸缩	伸展
	伸开	伸出	伸长	身体	身心	身影	身世	身姿	身手	身边
	身材	身段	身份	身后	身躯	身影	身子	深奥	深长	深沉
	深邃	深入	深度	深厚	深化	深刻	深情	深渊	深远	深夜
	绅士	什么	神经	神情	神色	神父	神仙	神力	神韵	神话
	神曲	神秘	神奇	神气	神圣	神态	神学	神采	神龛	神灵
	神明	神祇	神速	神童	神通	神往	神像	神志	神州	沈阳
	审查	审讯	审定	审核	审案	审理	审批	审美	审判	审慎
	审视	审问	审议	婶婶	婶子	甚至	甚于	甚或	肾炎	肾脏
	慎重	慎言	慎微	渗入	渗进	渗透				
	eng								
	声称	声带	声调	声明	声音	声色	声响	声誉	声波	声部
	声浪	声名	声势	声速	声望	声息	声言	声誉	声援	声乐
	生存	生平	生气	生活	生产	生成	生动	生理	生命	生前
	生态	生物	生意	生育	生疑	生殖	生病	生发	生根	生机
	生计	生路	生日	生疏	生死	生肖	生效	生性	生涯	生硬
	生字	生词	生人	牲畜	牲口	笙箫	升旗	升学	升值	升高
	升降	升起	升华	升级	升腾	升任	升空	升天	绳索	绳子
	省城	省心	省长	省力	省吃	省钱	省会	省市	省级	盛夏
	盛行	盛装	盛大	盛誉	盛产	盛大	盛会	盛开	盛怒	圣洁
	圣人	圣贤	圣经	圣地	圣母	圣达	圣旨	剩余	剩下	胜负
	胜利	胜任	胜败	胜过	胜地	胜仗				
T	eng								
	藤萝	藤条	藤蔓	腾空	腾跃	腾飞	腾越	滕氏	誊写	誊抄
	誊正	誊清	疼痛	疼爱	心疼	头疼				

ing

	厅堂	厅长	厅局	听觉	听力	听任	听话	听信	听取	听众
	听从	听候	听讲	听课	听筒	停泊	停顿	停留	停止	停滞
	停办	停车	停放	停刊	停业	停息	停歇	停战	亭子	亭台
	庭院	庭审	庭长	挺拔	挺立	挺直	挺身	挺举	挺进	快艇
	游艇									

W en

	温带	温度	温和	温暖	温柔	温存	温情	温泉	温室	温馨
	温顺	瘟疫	文化	文明	文盲	文理	纹理	文凭	文件	文人
	文物	文献	文学	文艺	文章	文字	文本	文笔	文风	文官
	文集	文静	文弱	文具	文科	文书	文坛	文体	文武	文选
	文雅	文言	文娱	蚊子	蚊帐	蚊香	纹理	纹饰	纹路	闻名
	吻合	吻别	吻手	稳当	稳妥	稳定	稳重	稳步	稳产	稳固
	稳健	紊乱	问答	问世	问题	问津	问号	问候	问卷	

eng

	翁姑	老翁	艄翁	渔翁	嗡嗡	蓊郁	瓮安	蕹菜	齆鼻	

X in

	锌板	欣赏	欣慰	欣然	欣喜	辛苦	辛勤	辛辣	辛劳	辛酸
	新闻	新鲜	新型	新兴	新颖	新星	新旧	新娘	新奇	新人
	新式	新潮	新房	新婚	新近	新居	新郎	新年	新诗	新书
	新秀	新学	新意	新月	心理	心灵	心神	心身	心声	心病
	心底	心情	心事	心思	心头	心血	心脏	心算	心寒	心酸
	芯片	芯子	薪金	薪水	信封	信号	信件	信任	信赖	信仰
	信口	信手	信贷	信念	信徒	信息	信心	信用	信步	信奉
	信风	信服	信函	信使	信差	信条	信托	信誉	信纸	信笺

ing

	星期	星星	星辰	星宿	星际	星球	星系	星云	星光	星空
	星体	星座	腥臭	腥气	腥臊	腥味	猩猩	猩红	兴办	兴奋
	兴起	兴衰	兴建	兴盛	兴旺	兴亡	兴修	刑场	刑具	刑法
	刑罚	刑事	刑期	刑侦	型号	形成	形容	形式	形体	形势
	形态	形象	形状	邢氏	行星	行动	行政	行踪	行走	行人
	行车	行军	行驶	行为	行使	行程	行船	行将	行进	行径
	行礼	行文	行销	行凶	行医	行装	醒悟	醒醒	醒来	醒目

省亲	省悟	兴趣	兴致	兴头	幸福	幸好	幸亏	幸免	幸运
幸存	幸而	性别	性格	性爱	性质	性能	性情	性状	性病
性急	性命	性子	杏仁	杏花	杏黄	姓名	姓氏		

Y in

因此	因而	因为	因素	因果	因袭	音乐	音箱	音响	音域
音质	音调	音高	音长	音强	音色	音阶	音节	音标	音符
音量	音律	音信	音讯	音译	音韵	姻缘	殷切	殷勤	阴暗
阴谋	阴影	阴平	阴阳	阴沉	阴间	阴冷	阴霾	阴森	阴险
阴性	阴雨	阴郁	阴云	银行	银子	银币	银幕	银河	银杏
银锭	银两	银饰	尹氏	淫秽	淫荡	淫乱	淫欲	淫雨	淫贱
淫妇	淫魔	淫糜	寅时	吟咏	吟诵	吟唱	吟诵	饮料	饮用
饮水	饮食	饮泣	引导	引进	引用	引路	引开	引力	引起
引发	引申	引擎	引水	引文	引诱	引证	饮料	饮水	隐蔽
隐瞒	隐藏	隐形	隐性	隐语	隐喻	隐情	隐私	隐士	隐身
隐居	隐患	隐秘	隐没	隐约	瘾发	印染	印刷	印象	印证
印发	印花	印记	印行	印章	印玺	饮马	荫庇	瘾君子	

ing

英俊	英明	英语	英姿	英雄	英勇	英镑	英武	婴儿	鹰犬
鹰爪	樱花	樱桃	鹦鹉	鹦哥	缨子	应当	应届	应该	应允
营业	营养	营造	营盘	营垒	营火	营房	营造	萤火	萦绕
蝇子	迎接	迎面	迎春	迎亲	迎风	迎头	迎战	赢利	赢得
赢家	赢政	盈利	盈亏	盈余	影片	影响	影评	影子	影射
影像	影院	影集	应酬	应答	应付	应邀	应用	应答	应对
应急	应试	应考	应征	硬件	硬朗	硬性	硬度	硬币	硬笔
硬逼	映射	映照							

Z en

怎么	怎样								

eng

曾孙	曾祖	增强	增设	增加	增产	增减	增多	增高	增进
增长	增值	增添	增殖	增补	增生	增收	增援	赠品	赠送
赠言	赠阅	赠物	憎恨	憎恶					

en

真诚	真实	真谛	真迹	真挚	真空	真理	真人	真假	真正

真菌	真皮	真丝	真相	真心	真知	斟酌	斟酒	甄别	榛子
珍禽	珍惜	珍珠	珍贵	珍奇	珍宝	珍藏	珍品	珍视	珍重
珍稀	砧板	贞操	贞洁	贞节	针锋	针对	针线	针眼	针灸
针刺	针砭	针头	侦查	侦察	侦缉	侦探	侦破	侦探	箴言
枕巾	枕头	疹子	诊断	诊疗	诊所	诊治	震荡	震动	震撼
震惊	震颤	震声	振奋	振兴	振作	振动	赈灾	镇定	镇静
镇压	镇痛	镇定	镇守	阵地	阵雨	阵营	阵子	阵痛	阵容
阵势	阵亡								

eng

正月	蒸发	蒸饺	蒸笼	蒸汽	蒸腾	挣扎	症结	征兵	征伐
征讨	征尘	征文	征兆	征缴	征服	征求	征收	征婚	征集
征购	征询	睁眼	睁开	争辩	争吵	争夺	争抢	争强	争论
争端	争气	争权	争艳	争取	争斗	争光	争鸣	争议	争执
峥嵘	狰狞	蒸馏	蒸汽	蒸腾	蒸熟	蒸笼	蒸锅	蒸饭	蒸发
整队	整饬	整治	整理	整装	整齐	整体	整数	整宿	整顿
整个	整编	整风	整洁	整形	整容	整修	拯救	正气	正视
正义	正巧	正确	正宗	正大	正好	正式	正对	正负	正常
正当	正规	正轨	正面	正在	正比	正步	正道	正门	正派
正统	正文	正午	正直	正法	正题	正体	政策	政府	政权
政治	政委	政党	政务	政变	政法	政界	政客	政局	政论
政事	政体	净言	净友	症候	症状	挣钱	郑重	证明	证词
证券	证人	证实	证据	证书	证件				

第三节 歌唱训练法

一、慢歌训练法

讲究吐字归音的传统歌唱艺术形式起源很早,特别是在可唱的元曲兴起以后,越来越多的艺术家记录了其钻研成果,其中一些宝贵经验可以借鉴到普通话训练中。傅惜华主编的《古典戏曲声乐论著丛编》收录了吐字归音论著的著作:元代,燕南芝庵的《唱论》;明代,魏良辅的《曲律》,沈宠绥的《度曲须知》,宁献王朱权的《太和正音谱·词林须知》,王骥德的《方诸馆曲律》;清代,李渔的《闲情偶记》,徐大椿的《乐府传声》,王德晖和徐沅澄合著的《顾误录》。其中比较著名的是明代魏良辅的《曲律》和沈宠绥的《度曲须知》。

关于口形、动程，古人讲究"口角轻圆"，即动作幅度适中，滑行要自然，口形要美观，因为是舞台表演，所以要注重审美效果。

关于唱词的吐字归音，几乎强调了字头、字腹、字尾，相当于现代汉语中说的"声母加韵头（介音）""韵腹""韵尾"。

沈宠绥在《度曲须知》的"中秋品曲"一节中说演唱者的行腔主要靠"下半字面"的韵腹："从来词家只管得上半字面，而下半字面，须关唱家收拾得好。"所以要求字腹"从微达著，鹤膝蜂腰，颠落摆宕，真如明珠走盘，晶莹圆转，绝无颓浊偏歪之疵矣"，不能囫囵吞枣。因为唱词中的字腹往往要占几拍的时值，这与说话时大不相同，因此，字腹要支撑饱满，字尾要求归音到位。

徐大椿在其《乐府传声》中说："有形之声，丝竹金鼓之类是也；其声可为而有定。其形何等，则其声亦从而变矣。欲改其声，先改其形，形改而声无弗改也。"他认识到了发音的物理属性，并将这个理论运用到语言发声实践中："惟人之声亦然。喉、舌、齿、牙、唇，谓之五音；开、齐、撮、合，谓之四呼。欲正五音，而不于喉舌齿牙唇处著力，则其音必不真；欲准四呼，而不习开齐撮合之势，则其呼必不清。所以欲辨真音，先学口法。口法真，则其字无不真矣。""盖喉舌齿牙唇者，字之所从生；开齐合撮者，字之所从出。喉舌齿牙唇，各有开齐合撮……""开齐撮合，谓之四呼。此读字之口法也。开口谓之开，其用力在喉。齐齿谓之齐，其用力在齿。撮口谓之撮，其用力在唇。合口谓之合，其用力在满口。"这部著述中还谈到轻重问题："声之高低，与轻重全然不同。今则误以为轻重为高低，所以唱高字则用力叫呼，唱低字则随口带过：此大谬也……今先明轻重之法：轻者，松放其喉，声在喉之上一面，吐字清圆飘逸之谓。重者，按捺其喉，声在喉之下一面，吐字平实沉着之谓。"

李渔在《闲情偶记》中也谈到轻重问题的正字、衬字："曲文之中，有正字，有衬字。每遇正字，必声高而气长，若遇衬字，则声低气短而疾忙带过，此分别主客之法也。说白之中，亦有正字，亦有衬字，其理同，则其法亦同。一段有一段之主客，一句有一句之主客，主高而扬，客低而抑……譬如呼人取茶取酒，其声云：'取茶来！''取酒来！'此二句既为茶酒而发，则'茶''酒'二字为正字，其声必高而长，'取'字'来'字为衬字，其音必低而短……切勿作一片高声，或一派细声，俗言'水平调'是也。"

王德晖、徐沅澄在《顾误录》"度曲八法"的"出字"一节中说："每字到口，须用力从其字母发音，然后收到本韵，字面自无不准。"又在"度曲十病"之

"包音"一节中说:"即音包字是也。出字不清,腔又太重,故字为音所包,旁人听去,有声无辞,竟至唱完,不知何曲。此系仅能用喉,不能用口之病。"阐述的就是不注意吐字归音的极差的听感。

王骥德在《方诸馆曲律》的"论腔调"一节中指出善歌者与不善歌者之间艺术水平差距在于:"古人语唱者曰:……当使字字轻圆,悉融入声中,令转换处无磊块,古人谓之'如贯珠',今谓之'善过渡'是也。"意思是吐字要与行腔和谐,不能因为吐字而影响行腔的流畅、悦耳。

2011年,英国皇家阿尔伯特大厅举行《歌剧魅影》25周年纪念演出,第一场夏拉莫的歌剧《汉尼拔》预演有一个排练场景,饰演汉尼拔的男演员出场,开唱之前,他先有一个泄气而又无可奈何的表情动作,表达接下来即将有一个跨不过去的障碍,然后唱道:"回到这片我们热爱的土地悲伤地发现她再次受到威胁,罗曼远征军长驱直入……"原来他跨不过的障碍就是把"罗马"(Rome)唱成"罗曼"(Roma),这时饰演来自意大利的导演怒气冲冲地给他做示范:"不不不,不对,阁下,麻烦你发'罗马'好吗?我们说罗马,不说罗曼。"男演员反驳道:"'罗马'?'罗马'对我难度比较大。"但是导演还是尖叫着要求:"麻烦你阁下,从'回到这片……'开始再来一遍,这非常非常难,我来自意大利,请发好音。"男演员在他身后迫于无奈地模仿导演的意大利口音:"罗马,阁下!"从这个场景可以看到无论古今中外的歌唱艺术,对唱词都有很严格的要求。

古代的声乐理论家们看到了歌唱对唱词的精加工,既然一定节奏的歌唱对字音有特别的要求,那么反过来,利用一定节奏的乐曲就一定可以训练字音。沈宠绥注意到拖上几拍的乐曲,要求字腹支撑住几拍的时值,能拖上几拍的曲调,应该是比较缓慢的,缓慢的节奏要求字音要饱满地支撑起来,那么对训练字音是否饱满,也就可以用缓慢的曲调。日常生活中的朗诵或说话,可保持一种听感上自然流畅的语速节奏。但是,唱缓慢的歌曲,因为曲调要求必须拖足一定时长的节拍,这就迫使歌者必须在唱词的每个字音上稳住气息、保持口型,唱足这个舒缓的节拍。这也使歌词的音节发音慢了下来,语音的音长特性被夸大强化,让口语语流中无法听到的音素突出放大,调动耳朵配合听音,在某些歌词单音素的音节上长时间保持这个音素的口型,在多音素构成的音节上能展示出构成从一个音素向另一个音素滑动的动程。用慢歌口型动程训练法,就可以检验各种类型的韵母发音是否达到标准,是否清晰饱满。

语言学家萨丕尔指出过语言学习中的一些不利因素:"虽然我们的耳朵

对语音能做出细致的反应,我们的发音器官的肌肉从幼年就已变得只习惯于发我们自己语言的传统语音所需要的那些调节和调节系统了。所有的其他调节,由于没有用过而受到了抑制。"这番阐述回答了为什么要进行语音训练,所以,必须寻找有效途径让母音中没有涉及的肌体部位运动起来,让肌肉、骨骼变得灵活。比如,普通话的翘舌音,贵州大部分地区没有翘舌音,舌尖从不上抬到硬腭前端,因此,比抬高更难的卷舌音,几乎要卷起舌头。运用慢歌训练法,缓慢的节奏能帮助从没有感受过这些语音的学习者体会声韵动程。下面是专门挑选的进行这类训练的歌曲。

1.《小耗子》 清末民初时期贵州兴义童谣

小耗子

1=D 4/4

郭俊华 演唱
杨占鳌 杨泳江 整理
刘国辉 记谱

慢板

5 #4 5 6 6 5 #4 5 | 5 6 5 5 5 6 1 |
一 个 耗 子 嘛 一 个 头, 两 只 眼 睛 鼓 溜 溜,

5 6 3 3 5 3 5 | 5 6 3 5 5 6 1 |
四 只 脚 儿 往 下 走, 一 棵 桄 杆 在 后 头。

2.《上邪》 汉乐府民歌 石夫 曲

上邪!我欲与君相知,长命无绝衰。山无陵,江水为竭,冬雷震震,夏雨雪,天地合,乃敢与君绝!

3.《送别》 李叔同 词 (美)约翰·P.·奥德威 曲

长亭外,古道边,芳草碧连天,晚风拂柳笛声残,夕阳山外山。天之涯,地之角,知交半零落,一瓢浊酒尽余欢,今宵别梦寒。

4.《晚霞中的红蜻蜓》 (日)三木露风 词 (日)山田耕筰 曲

晚霞中的红蜻蜓,请你告诉我,童年时代遇到你,那是哪一天?

提起小篮来到山上,来到桑田里,采到桑果放进小篮,难道是梦影?

晚霞中的红蜻蜓,你在哪里哟?停歇在那竹竿尖上,是那红蜻蜓?

5.《伐木歌》 (日)小山清茂 曲

啊,吉野山,吉野山,和你一起去看吉野山,那盛放的千棵樱花。啊,从那时候,我学会伐木,令绽放的花儿,投进深山里。

6.《雨霖铃》 [宋]柳永 词　尧十三 曲

寒蝉凄切，对长亭晚。骤雨初歇，都门帐饮无绪，留恋处兰舟催发。执手相看泪眼，竟无语凝噎。念去去，千里烟波，暮霭沉沉楚天阔。

多情自古伤离别，更哪堪，冷落清秋节，今宵酒醒何处？杨柳岸，晓风残月。此去经年，应是良辰好景虚设。便纵有，千种风情，更与何人说。

7.《几多愁》 根据[南唐]李煜《虞美人》改编　谭健常 曲

春花秋月何时了？往事知多少！小楼昨夜又东风，故国不堪回首月明中。雕栏玉砌应犹在，只是朱颜改。问君能有几多愁？恰似一江春水向东流。

春花秋月何时了？往事知多少！小楼昨夜又东风，故国不堪回首月明中。雕栏玉砌应犹在，只是朱颜改。问君能有几多愁？恰似一江春水向东流。

雕栏玉砌应犹在，只是朱颜改。问君能有几多愁？恰似一江春水向东流。问君能有几多愁？恰似一江春水向东流。恰似一江春水向东流。恰似一江春水向东流。

8.《别亦难》 根据[唐]李商隐《无题》改编　何占豪 曲

相见时难别亦难，东风无力百花残。春蚕到死丝方尽，蜡炬成灰泪始干，泪始干。啊！相见难！啊！别亦难！蜡炬成灰泪始干。

相见时难别亦难，东风无力百花残。春蚕到死丝方尽，蜡炬成灰泪始干，泪始干。啊！相见难！啊！别亦难！蜡炬成灰泪始干。

蜡炬成灰泪始干。蜡炬成灰泪始干。

9.《玛丽有只小羊羔》 美国儿歌

玛丽有只小羊羔，小羊羔，小羊羔，玛丽有只小羊羔，啊雪白羊毛。不管玛丽到哪里，到哪里，到哪里，羊羔总要跟着她，啊总要跟着她。一天玛丽到学校，到学校，到学校，羊羔跟在她后面，啊跟在她后面。惹得同学哈哈笑，哈哈笑，哈哈笑，羊羔怎能进学校，啊怎能进学校？

10.《十个印第安小男孩儿》 英国儿歌

一个、两个、三个印第安小男孩儿，四个、五个、六个印第安小男孩儿，七个、八个、九个印第安小男孩儿，十个印第安小男孩儿。十个、九个、八个印第安小男孩儿，七个、六个、五个印第安小男孩儿，四个、三个、两个印第安小男孩儿，一个印第安小男孩儿。

11.《摇篮曲》 东北民歌

月儿明，风儿静，树叶儿遮窗棂，蛐蛐儿，叫铮铮，好比那琴弦儿声啊。

琴声儿轻,调儿动听,摇篮儿轻摆动啊,娘的宝宝闭上眼睛,睡了那个睡在梦中。夜空里,卫星飞,唱着那"东方红"啊。小宝宝睡梦中,飞上了太空啊。骑上那个月儿,跨上那个星儿,宇宙任飞行啊。娘的宝宝立下大志,去攀那个科学高峰。报时钟,响叮咚,夜深人儿静啊。小宝宝,快长大,为祖国立大功。月儿那个明,风儿那个静,摇篮轻摆动啊。娘的宝宝睡在梦中,微微地露了笑容。

12.《门前事儿》 子曰乐队 词曲

我家的门前儿啊有根电杆儿,上面有五条啊高压线,很早就听说那儿很危险啊,我怕它就像怕我的爸爸。忽然有一天啊看到个奇怪,有几只麻雀站在那上边儿。前思思后想想我还是搞不明白啊,索性就把它当首歌儿哼出来。噢,它们唱着,在那五条高压线上,噢,它们跳着,在那五条高压线上。

它们说:"来自一个不太远的地方,那里的空气已变坏吃什么都不香,到这儿来只是为了告诉大家伙儿们,这里和那里可是不太一样。"噢,它们唱着,在那五条高压线上,噢,它们跳着,在那五条高压线上。

莫非是莫非是谁在打枪,只看到跳跃的音符坠落地上,这时候有个人拍拍我的肩膀,回头望原来是隔壁的街坊。它们又唱着又跳着,它们又跳着又唱着……

二、快歌训练法

舒缓的歌曲可以检测声韵吐字归音,快速的歌曲,能更好地锻炼萨丕尔所说的那些用不上就被压抑机能的发音部位。

现代歌曲中,有一种艺术形式能够帮助普通话学习者练习伶俐的口齿,那就是说唱。说唱起源于黑人节奏舞曲,因其穿插着吟咏段落的载歌载舞的独特风格,吸取了广播电台主持人快速、押韵地介绍唱片的行话,在20世纪70年代逐渐发展成为一种边说边唱结合的音乐形式——说唱乐"rap",备受人们喜爱。在黑人俚语中"rap"指"talking",说话的意思,即在一个固定的节奏下,快速念读一连串押韵的歌词。黑人歌手们将说唱形式演绎出了更多、更丰富的分支形式,有西海岸说唱、东海岸说唱、南部说唱、中西部说唱、流行说唱、老派说唱、拉丁说唱、硬核说唱、外来说唱、过度说唱、基督教说唱、喜剧说唱、另类说唱,最后人们把这些综合了多种流派、融入当今电子舞曲音乐的说唱形式统称为一个新名词"hip—hop"。

中国最早是在20世纪80年代,摇滚乐歌手们借鉴欧美说唱歌曲形式,创作了普通话说唱、各地方言说唱歌曲。活跃在歌坛上的歌手来自天南地北,他们的唱词发音带着五湖四海的口音。因为要训练的是普通话语音,所以尽量选择北京周边地区的词作者,比如河北保定人阎肃的作品。尽量选择出生于北京或者北京附近出生,长期在北京生活的歌手的说唱歌曲,比如:北京人屠洪刚,北京人崔健,天津人谢津,基本上由北京人组建的"花儿乐队",被誉为第一支"京味儿摇滚"的"子曰乐队"。这些受北京语音影响极大的歌手和词作者的唱词,无论是唱腔还是念白,平翘舌、边鼻音、前后鼻音区别非常明显,自然的轻声、儿化以及北京话的表述方式令他们的歌曲显得京韵十足。

说唱的节奏大多数是较快的电子舞曲节奏,与快速节奏合拍的歌词相应地就比日常口语语速快。因为要保持节拍的速度,快速的普通话念白不可懈怠,不可减速,不可忙中出错。所以每个字、每个词的发音必须控制得又快又好,要求语音辨别反应的基本功要好。说唱训练就是要让人具备口齿与思维建立快速反应的连接,具有忙中不错的基本素质,既快又清楚。另外,说唱训练还有一个好处,一首歌曲中有说有唱两个部分,有时两个部分同时进行,有时两个部分一先一后展开,可以将学习者分成两组:甲组说,乙组唱;然后交换,甲组唱,乙组说。在说唱节奏背景音乐下,舌头在口腔中不只是念、读、说,而是舞蹈,学习者的每个肢体关节都可以跟着念白意义和节奏舞蹈,都在感觉语言和音乐交融的、独具一格的表演魅力,可以载歌载舞地享受这个学习方式带来的新鲜感。学习变成娱乐,就不那么枯燥了。

歌唱训练的特点还在于唱词一旦记熟,不容易忘记。从今天对旧式私塾特有的读书"吟诵调"抢救性音像记录来看,用当地方言也可以完成的朗读背诵,听感上好像是给读的课文谱了一曲,用吟诵调来"唱"课文,八九十岁的老年人操着各地方音的吟诵调重拾儿时念的课文,即便是整篇《论语》,依然能完完整整、一字不落地背诵出来。另外从寺庙中僧人诵经来看,用来读的经文,好像也是谱了曲子来"唱"似的,大段的、整本的经文,僧人吟诵起来似乎不费劲儿。利用说唱的形式训练普通话,正确的语音一旦随着对曲调和唱词的记忆固定下来,就可以用歌曲来不断地复习。说唱歌曲的节奏有快慢之分,使得歌词念白的速度也有快有慢。先从中速说唱歌曲开始,再到快速说唱。配合音频文件学习,必须学会并能够表演,才能达到巩固字音的目的。

1.《中国功夫》 宋小明 词 伍嘉冀 曲

(卧似一张弓,站似一棵松,不动不摇坐如钟,走路一阵风,南拳和北腿,少林武当功,太极八卦连环掌,中华有神功。)

棍扫一大片,枪挑一条线,身轻好似云中燕,我们豪气冲云天,外练筋骨皮，内练一口气，刚柔并济不低头，我们心中有天地。

（卧似一张弓，站似一棵松，不动不摇坐如钟，走路一阵风，南拳和北腿，少林武当功，太极八卦连环掌，中华有神功。）

清风剑在手，双刀就看走，行家功夫一出手，他就知道有没有，手是两扇门，脚下是一条根，四方水土养育了我们中华武术魂。

（东方一条龙，儿女似英雄，天高地远八面风，中华有神功。）

2.《说唱脸谱》 阎肃 词 姚明 曲

（那一天爷爷领我去把京戏看，看见那舞台上面好多大花脸，红白黄绿蓝咧嘴又瞪眼，一边唱一边喊，哇呀呀呀呀，好像炸雷叽叽喳喳震响在耳边。蓝脸的窦尔敦盗御马，红脸的关公战长沙，黄脸的典韦，白脸的曹操，黑脸的张飞叫喳喳。）

说实话京剧脸谱本来确实挺好看，可唱的说的全是方言，怎么听也不懂，慢慢腾腾咿咿呀呀哼上老半天，乐队伴奏一听光是锣鼓家伙，咙个哩个三大件，这怎么能够跟上时代赶上潮流，吸引当代小青年？

（紫色的天王托宝塔，绿色的魔鬼斗夜叉，金色的猴王，银色的妖怪，灰色的精灵笑哈哈。）

我爷爷生气说我纯粹这是瞎捣乱，多美的精彩艺术中华瑰宝，就连外国人也拍手叫好，一个劲地来称赞，生旦净末，唱念做打，手眼身法，功夫真是不简单，你不懂戏曲，胡说八道，气得爷爷胡子直往脸上翻。

（老爷爷你别生气，允许我申辩，就算是山珍海味老吃也会烦，艺术与时代不能离太远，要创新要发展，哇呀呀呀，让那老的少的男的女的大家都爱看，民族遗产一代一代往下传。一幅幅鲜明的鸳鸯瓦，一群群生动的活菩萨，一笔笔勾描，一点点夸大，一张张脸谱美佳佳，哈哈哈……）

3.《不是我不明白》 崔健 词曲

（过去我不知什么是宽阔胸怀，过去我不知世界有很多奇怪，过去我幻想的未来可不是现在，现在才似乎清楚什么是未来，噢……）

过去的所作所为我分不清好坏，过去的光阴流逝我记不清年代，我曾经认为简单的事情现在全不明白，我忽然感到眼前的世界并非我所在，20多年来我好像只学会了忍耐，难怪姑娘们总是说我不实实在在，我强打起精神，从睡梦中醒来，可醒来才知这个世界变化真叫快。（噢……）放眼看那座座高楼如同那稻麦，看眼前是人的海洋和交通的堵塞，我左看右看前看后看还是看不过来，这个这个那个那个越看越奇怪。（噢……）不是我不明白，这世界变化快。

4.《乖乖的》 子曰乐队 词曲

我有很多心里的话，其实很想早该跟爹说说，可每次还没张开这张嘴巴，爹总是先给我块儿糖含着，然后他笑眯眯地看着我，爹说一切要照爹说的做，是绝对的保证，绝对的保险，绝对的没错，我竖起耳朵听爹说说："啊，乖乖的！咳咳！是不管多么难走的路呀，你爹我都曲曲弯弯地挺过来了，曾经尝过的酸甜苦辣咸的香的臭的，是比你这小鬼儿吃的饭都多。所以说，孩子！我知足你就应该总是乐着，不许皱着眉头弄深沉假装思索，像如今这样好吃好喝好穿的，啊，是你老子我拼着老命才挣到的，知道不？你！"

我憋得实在很难受啊！非得马上现在跟你说说，可话到嘴边儿还没一半儿啊！你就给了我，给了我个大嘴巴！然后狠呆呆地瞪着我，说是兔崽子到底想要干什么？我说："就是爹给我的那块儿糖啊，它压根儿就不是甜的。"啊！乖乖的。

第三章　朗读和说话的训练

第一节　朗读和说话训练的必要性

一、语言是民族精神的外在表现

德国语言学家洪堡特有一部著作《语言与人类精神》。作为语言学家,洪堡特从语音、词汇、语法、修辞等各个方面阐述了他的观点。他认为语言是各个民族精神的外在表现,他们的语言即他们的精神,他们的精神即他们的语言,每种语言都可以追溯其民族特点。

法国语言学家梅耶也认为有什么样的文化,就有什么样的语言,不了解使用那种语言的民族的生活情况,就不能了解那种语言,也就不能真正明白他们的宗教和社会习惯。从整体上看,世界上各个民族各自世代传承自己的母语;从个体上看,中国人用汉语进行的听说读写,不仅仅是一种技能训练和运用,同样是通过运用母语在精神世界寻找民族的认同感和归属感,以此拥有本民族社会集体生活的力量。

二、语言训练有助于婴幼儿智力开发

医学实验证实,发育到一定时期的胎儿在母体腹中已具有听力,能听到声音。听,是婴儿最早就具备的能力之一。"一个人出生时脑重量只有370克,1岁时,婴儿脑重就已经接近成人脑重的60%;2岁时,婴儿脑重约为出生时的3倍,约占成人脑重的75%;3岁时,婴儿脑重已接近成人脑重的范围,以后发育速度就变慢了。""幼儿时期的感觉统合学习几乎占据了孩子一生所学的80%。""一个人的性格就是在0~3岁这个最富创造性的年龄阶段里塑造而成的。"[①]诸多的心理学家、医学家、教育学家、语言学家通过各自领域的研究,都注意到了0~3岁的婴儿的思维、认知、记忆等智力发展,与他们的动作、言语、表情、交际、游戏等密切相关,并建议积极关注婴儿的早期教育,科学合理地进行早期教育,为后期的学习打好基础。从婴儿出生,伴随着肌体发育的是更为重要的智力开发。智力开发的早期,尤其是0~3岁

---

① (意)玛丽亚·蒙台梭利.3岁决定孩子的一生——蒙台梭利早期教育经典合集[M].程文艳,译.北京:朝华出版社,2009:3,199,151.

的婴幼儿,最重要的表现是语言的学习。婴儿不会说话,全部靠听力。因此婴儿能调动的"听、说、读、写"这些基本的学习技能中,"听"排在第一位,有声的朗读、说话,对初生婴儿就有着特别的意义。那么,照顾婴儿的父母要调动的就是"读"和"说",因为婴儿要捕捉语音。从朗读声中,婴儿会汲取声音记忆,慢慢储存。婴儿3个月后,就会表现出想和身边的人用语言进行交流的行为,还会尝试着发出连续的声音。到了5个月的时候,可以清楚地分辨大部分不同的声音。6个月左右,在熟悉的环境里,会不断地牙牙学语。父母就要通过有声的朗读和说话来跟孩子交流,激发他们咿咿呀呀的表态。

朗读是一种学习方法。孩子学习阅读就像学习说话一样,是一个渐进的奇妙过程,并非一蹴而就。孩子没有语音、词汇和语法理论知识作为基础,他们所有学习到的内容,都是在长期听成人说话再结合自己的总结完成的。比如,母语是汉语却没有接触过汉字的幼儿,不知道在句子中一个汉字基本上对应一个音节,有的孩子会出现句子读结束了,但是手还没指到最后一个字;有的孩子正好相反,第一个句子还没有读完,手指早就指到下一个句子了。在朗读中建立音节与汉字对应的联系,幼儿会将听到的一个音节,用手指一个字,从语素义开始,最后熟悉到能自己背诵这个句子后,幼儿能够边读边指,训练手眼协调能力。逐渐过渡到看图会话,培养孩子的注意力,激发想象力。幼儿不懂语调、语气能表明态度,有声朗读能够帮助他们体会各种语调、语气传达的情绪,从朗读中了解自己生活的奇妙世界。

朗读是一种交流的特殊方式。与随意交谈相比,朗读是更富条理性和组织性的方式。家长和孩子共同抱着一本书,富有感情地给孩子朗读,有节奏感地去感染孩子,这种近距离的精神享受一方面增进了亲子感情,另一方面孩子被熟悉的声音所吸引而具有融入一起来朗读的热情。幼儿学习有喜欢重复的习惯,他们会反反复复看同一个动画片,听同一首歌曲,要求父母读同一篇故事。因而很多长期给孩子朗读、讲故事的父母,孩子几乎能跟着父母一起朗读同一段熟悉的小短文。养成喜欢朗读的好习惯,再利用幼儿这个特性,能帮助幼儿培养自主获取知识的能力,并且利用他们喜欢重复的特点,巩固学习到的知识,为以后学习其他方式的阅读打下坚实的基础。

说话是孩子学习语言的目标。让孩子听音、朗读,目的都是为了孩子早日掌握语言来表达自己的意图。婴儿不会说话,常常用哭声来表达,饿了哭,病了哭,醒了哭,烦躁了哭,困了哭,寻找东西哭,想要抱也哭,父母只能靠猜测,有时候是不能够正确领会孩子的意思的。为了生存,孩子一方会竭尽全力学会说话,因为这样才能表达自己,让别人懂得自己的意思。成人一方,会努力帮助孩子说话。心理学家、教育学家、语言学家一直探索着各种各样的方法让孩子尽快高效地学会说话。

三、读与说是语文教育的重要内容

过去教孩子读书,各个地方的老先生们用的是带着浓厚的地方音色彩的、一种半唱半念的老私塾吟诵调。它不像日常生活用语,没有语气,没有情感,甚至当时的吟诵调已经改变了字调,孩子们是跟着先生反反复复"唱"会文章的,有时能背诵但是不能理解,也不知道美在哪儿,像常言说的"小和尚念经有口无心"。那时候没有"普通话"一词,只提"官话"。但是离北京遥远的广大地区,因为地域阻隔、电子技术等又不发达,"北京语音"无法传播。康有为、梁启超进京做官的时候,粤语方音让语言交流成了一个大问题。贵州鸿儒李端棻做媒将堂妹李蕙仙嫁给梁启超后,自幼生活在北京城的梁夫人担任丈夫的"普通话"正音老师,他的口音问题才慢慢解决。

虽然推广普通话在20世纪50年代就提出,但是70年代课堂用当地方言教学的情况还很普遍。80年代,学校专门规定了语文早读课时间,每班由语文科代表负责带领同学早读,语文老师负责巡查,年轻教师在语文课上用普通话教学的情况逐渐增多。

孩子到了入学年龄,识字量不够,口语能说的,书面语写不出来。语音、词汇、语法,特别是更高阶段的逻辑关系、修辞风格等都需要学习。小学阶段就只能先通过那些有韵律感的课文,学习字词音,去跟自己口语里的词汇发音衔接,从而理解蕴含的词义、句义、语法结构、修辞手法以及逻辑性。

进入中学阶段,学生已具备一定的写作能力和表达能力。但是中学的进一步要求是在审美层面上提升的,不只是会写会说,还要写美文,要出口成章。朗读的水平,就是一门要修炼的功夫。20多年前,贵州省兴义市第四中学的朱继政老师,坚持每堂语文课开讲之前给同学朗读课文,用动人的标准普通话把学生带进一个精彩的文学天地。接近成年的少年们学习的语文课文,不只是学习字面意义,他们需要感受到字音以外的温和、啜泣、悲号、狂笑、残酷、犹豫、果断、战栗、痛苦、激荡,要感悟很多人生哲理,是精神层面上的塑造,要为步入独立生活的成人社会做好准备。

四、读与说是一种语言职业技能

中国早期的有声电影、译制片配音,因为对演员、配音的培训、测试还没有广泛开展,所以影片中的普通话都还会带有一些地方音色彩,语气也有些许平直、程式化。直到20世纪80年代,上海电影译制厂组建的配音团队,在配音导演的带领下，邱岳峰、尚华、于鼎、童自荣、刘广宁、曹雷、丁建华、乔榛、毕克、苏秀、李梓、赵慎之、程玉珠、杨文元、翁振新等配音演员苦苦探索配音技巧，推出了一批优秀的译制片，深受人们喜爱，亮出了"上译人"这一块金字招牌。在缺乏电视的年代，他们的配音名段在广播里播出，磁带被艺术爱好者收藏，飞向上海译制厂的信件成千上万，在全国掀起了普通话热潮。1998年上海电影译制厂成立了下属的上海译影艺术专修学校，由老一代上译厂艺术家任教，2011年学校正式更名"唯优学院"培养配音"新声代"，戏剧台词的朗读教学的宝贵经验得以继承和发扬。

娱乐行业历来对语言功夫最看重。一年一度的春节联欢晚会是观众最喜爱的节目，语言类节目特别是小品，每年都备受关注，也成为导演忙碌的重头戏，从剧本到演员再到编排，一层层地观摩、选拔、修改、再审定，最终推出到春晚舞台跟全球的华人见面。另外一个突出的现象就是当传统曲艺在思考如何进行改良提升竞争力的时候，周立波首创的"海派清口"却连连刷新自己创下的票房纪录，从200座的戏剧沙龙，换成600多座的兰心大戏院，又换成900多座的逸夫舞台，再换成1300座的美琪大戏院。他的演出票不打折，不售团体票，不搞赠券，所有座位都是一张一张卖出来的"散户"，而且场场爆满，以"一年一个人创造的产值达1亿5千万"的成绩成为国内身价最高的脱口秀明星，国内收视率最高的选秀节目主持人。这个并不舞枪弄棒的演员的成功因素之一，就是打造"嘴皮子"的"金口玉言"。他的语言功夫很扎实，在上海滑稽剧团科班师从周柏春、严顺开等名师时，就到吴方言区采风，学习各地地方话，出道后每天翻阅书报4小时，随时随手记下灵光一闪的妙语佳句。他兼用吴方言和普通话，把两种方言结合得恰到好处，杂糅了单口相声、新闻评述、滑稽剧表演等多种形式，让天南海北的观众不但能听懂，而且还能体会其中"清口"语言的奥妙。

教师、导游行业对普通话的读、说也有特殊要求。带团的导游，既要熟悉景区历史文化，又要具备讲解能力。不但要讲清楚、完备，职业要求还要讲得引人入胜。几千年的文人骚客留下的名句名段，都需要导游临时诵读演绎。贵州省规定旅游行业导游上岗要持有普通话等级证，要求达到二甲。另外，所有服务行业的"窗口"职位，都要求普通话标准，现在酒店、银行、餐馆、商场、车站、机场等都要求用普通话服务。

第二节　语流音变

说话和朗读,不只是停留在字词,还要进入句段的范畴。句子中,音节连着音节,加上表述时有一定的速度,就会形成音节之间的相互影响,出现音素、音节、声调的同化、异化、增音、脱落、合音等变化。常见的音变现象有上声变化、"一""不"变化、轻声、儿化等。

一、上声音变

上声的调值是214,实际发音明显长于阴平(55)、阳平(35)、去声(51),所以在匀速的语流中,上声字如果处在音节与音节中间,因为要保持一定的节律,不可能一碰到上声就慢下来,所以上声通常要发生变化,时长减短。只有在词末或者句末才能拖足上声的时长,因此上上相连的时候,前面的上声变短,最后一个上声保持原调。

1.上上相连:214+214 ⟶ 35+214,第一个上声字变成阳平

剪短　粉笔　版本　厂址　守法　捧场　辅导　法语　语法　讲演
演讲　舞蹈　简朴　采取　领导　选举　广场　保险　理想　懒散
手指　母语　海岛　旅馆　手掌　减短　首长　古典　小组　减少

2.上上上相连

双音节词+单音节词(双单格):214+214+214 ⟶ 35+35+214
展览馆　虎骨酒　洗脸水　选举法　手写体
单音节词+双音节词(单双格):214+214+214 ⟶ 21+35+214
纸老虎　女导演　小组长　小两口　有理想　很勇敢

3.上声+阴平/阳平/去声

上+阴:214+55 ⟶ 21+55
老师　雪山　百花　雨衣　打开　普通　主张　火车　百般　摆脱
保温　省心　警钟

上+阳:214+35 ⟶ 21+35
旅行　苦竹　笔直　准则　海防　改革　语言　讲台　祖国　导游
朗读　考察

上+去:214+51 ⟶ 21+51
北部　每次　匹配　起立　笔记　暖气　走路　努力　广大　讨论
挑战　土地　感谢

4.上声+轻声

上+轻:214+轻⟶21+轻

耳朵　打扮　尾巴　口袋　伙计　脑袋　喇叭　尺寸　马虎　恍惚

姐姐　眼睛　嫂子　奶奶　姥姥

上+轻:214+轻⟶35+轻

捧起　等等　讲讲　想起　老虎

5.三个以上的上声相连

如果连续三个以上的上声出现在一个句子里,那就按照上面介绍的"上上相连"和"上上上相连"的规则来切分出词语。上声虚词在语流中变为轻声。比如,有一个典型的全部是上声的句子"种马场里养了五百匹好母马",结合语句中的停顿,就可以切分为"[种马场/里][养/了][五百/匹][好/母马]"。"种马场里"是主语,在语法停顿中划为一个组合,分为"种马场"和"里"两个词,"种马场"是三个上声相连,为双单格,按照双单格变读为 35、35、214,"里"方位词变读为轻声。"养了"两个上声,"了"作为动词"养"的时态助词与它形成一个组合,按照"上+轻"的规则,"养"变读为 21,"了"变读为轻声。"五百匹"按照双单格变读,"好母马"按照单双格变读。

二、"一""不"音变

"一"原调值55,"不"原调值51,当它们处在不同声调前面,要发生变调。

1."一""不"+非去声,读51

"一""不"+阴平:

一斤　一心　一枝　一天　一边　一尊　一吨

不听　不通　不松　不香　不慌　不偏　不深

"一""不"+阳平:

一壶　一节　一连　一直　一头　一群　一轮

不行　不能　不留　不熟　不闻　不忙　不甜

"一""不"+上声:

一缕　一点　一碗　一早　一把　一口　一朵

不好　不可　不想　不等　不小　不稳　不冷

2."一""不"+去声,变调为35

一个　一向　一阵　一色　一路　一套　一面　一对　一定　一世

一片　一笑　一愣　一扇　一旦　一块　一看

不要　不是　不够　不去　不像　不会　不幸　不善　不变　不适

不错　不信　不愧　不败　不见　不散

三、去声变调

去声原调值是51,两个去声相连,不是每个去声都饱满,因为语流中轻重格式有所改变,前一个去声降到一半,旋即开始下一个去声,所以前一个去声变调后读为53。

画架　戏剧　项目　愤怒　互助　过渡　迅速　教训　大路　电话
介绍　号召　罪孽　自信　照顾　受罪　建设　盛大

四、"啊"音变

语气词"啊"在语流中要受到它前一个字,即前一个音节的最后一个音素的影响,发生音变。

1. a、o、e、ê、i、ü+a——ya(呀)

他呀　磨呀　鹅呀　写呀　鸡呀　鱼呀

2. u+a——wa(哇)

哭哇　苦哇　好哇　高哇　肉哇　走哇　加油哇　多巧哇

3. n+a——na(哪)

难哪　看哪　新哪　玩哪　新鲜哪　有鸡蛋哪　看不见哪

4. ng+a——nga

唱啊　香啊　行啊　冷啊　真痒啊

5. -i[ʅ]+a——[zA]

孩子啊　粉丝啊　傻子啊　好字啊　有刺啊　多少次啊

6. -i[ɿ]、er+a——ra

吃啊　是啊　老师啊　儿啊　店小二啊　什么样儿啊

五、动词、形容词的重叠式音变

现代汉语的词汇当中,从语法上看,有一种附加后缀的构词类型,有一些单音节、双音节的动词和形容词,重叠后变为AA、ABB或者AABB形式,读音上也要发生改变。

1. 形容词

（1）AA式

"好""早"本来是上声214,"慢"本来是去声51,当它们重叠变成"好好儿""早早儿""慢慢儿",首先读音上出现的变化是二者都儿化,其次"好好儿"中的两个"好",第一个变成半上21,第二个儿化后变成阴平55,"早早儿"

因为也是两个上声,变读跟它一样。"慢慢儿"中的两个"慢",第一个不变,维持原调去声51,第二个儿化后变为阴平55。

(2)ABB式

"红彤彤""慢腾腾""甜蜜蜜"中"彤""腾"两个字原调都是阳平35,"蜜"原调值是去声51,变为ABB重叠式后,"彤彤""腾腾""蜜蜜"都变为阴平55,"红彤彤""甜蜜蜜"实际读为35、55、55,"慢腾腾"读为51、55、55。

(3)AABB式

"严实"原调值是35、35,"漂亮"原调值是51、51,如果以双音节出现在语流中,"严实""漂亮"第二个字变为轻声;如果作为形容词重叠式出现在语流中,两者要变为AABB式,其中,第一个A变为轻声,后两个BB位置变为阴平55、55。再如,"破烂"原调值是51、51,变为"破破烂烂",第二个"破"读轻声,后面两个"烂烂"读两个阴平55、55,有时候还带上卷舌色彩。

2.动词

(1)AA式

动词重叠后,第二个音节要念轻声,例如:想想、瞅瞅、摸摸。

(2)ABAB式

有些动词重叠为ABAB式后,B位置都要变读为轻声,例如"讨论讨论",两个"论"字念轻声。有些双音节动词,例如"商量""收拾""教训""见识""体谅""张罗",以双音节出现在语流中为轻声词,它们同样有ABAB式,重叠为"商量商量""收拾收拾""教训教训""见识见识""体谅体谅""张罗张罗"后同样遵循这个变读规律。

六、轻声

轻声是普通话快速语流中一些音节发生音变的现象,其物理属性发生改变,音色改变,声调丢失原调值,变得轻短、模糊,这些改变的音节就叫轻声音节。它不只是一种语音现象,是由于语法上的区别词性和词义的要求,甚至还有语用的需求,才发生的改变。轻声的规律是:

1.语气词"啊、呢、吧、嘛"

上啊　你呢　好吧　行嘛

2.助词"的、地、得、着、了、过"

我的　轻轻地　等得花儿都谢了　恋着　爱了　恨过

3.名词、动词叠音和动词重叠

爸爸　奶奶　姥姥　太太　宝宝　娃娃　星星　猩猩　馍馍　醒醒

听听　瞧瞧　催催　走走　试试　尝尝　坐坐　劝劝　打听打听
解释解释　照顾照顾　准备准备　见识见识　收拾收拾

4.后缀"子、头、们、么、巴"和中缀"不、里"

眼珠子　馒头　石头　咱们　孩儿们　弟兄们　怎么　这么　那么
什么　干巴　结巴　尾巴　黑不溜秋　啰里啰唆　糊里糊涂

5.方位词

脸上　天上　地下　地上　地底下　心里　眼里　前边　左边　外面
桌子　上面

6.趋向动词

送来　进来　起来　过去　出去　上去　热起来　说出来　夺回来
跑过去　跳回去　冷下去　还回来　吐出来

7.量词"个"

一个　两个　三个　四个　五个　六个　七个　八个　九个　十个

8.形容词、动词叠音词中间和补充式的"一、不、得"

说一说　跳一跳　行不行　吃不吃　好不好　读不懂　听不清
受不了　惹不起　使不得　看得见　摸得着

无规律的轻声词训练

A

爱人 àiren

B

巴掌 bāzhang	白净 báijing	帮手 bāngshou
棒槌 bàngchui	包袱 bāofu	包涵 bāohan
本事 běnshi	比方 bǐfang	扁担 biǎndan
别扭 bièniu	拨弄 bōnong	簸箕 bòji
补丁 bǔding	部分 bùfen	白天 báitian
报酬 bàochou	报复 bàofu	别人 biéren
玻璃 bōli	把手 bǎshou	摆布 bǎibu
摆弄 bǎinong	摆设 bǎishe	褒贬 bāobian
报应 bàoying	抱怨 bàoyuan	北边 běibian
本钱 běnqian	鼻涕 bíti	别致 biézhi
薄荷 bòhe	扒拉 bāla	疤瘌 bāla

C

裁缝 cáifeng	财主 cáizhu	苍蝇 cāngying
刺猬 cìwei	凑合 còuhe	差事 chāishi
柴火 cháihuo	称呼 chēnghu	锄头 chútou
畜生 chùsheng	窗户 chuānghu	刺激 cìji
聪明 cōngming	错误 cuòwu	残疾 cánji
长处 chángchu	成分 chéngfen	诚实 chéngshi
出来 chūlai	出去 chūqu	尺寸 chǐcun
抽屉 chōuti	刺猬 cìwei	撺掇 cuānduo
出息 chūxi		

D

耷拉 dāla	答应 dāying	打扮 dǎban
打点 dǎdian	打发 dǎfa	打量 dǎliang
打算 dǎsuan	打听 dǎting	大方 dàfang
大爷 dàye	大夫 dàifu	耽搁 dānge
耽误 dānwu	道士 dàoshi	灯笼 dēnglong
提防 dīfang	地道 dìdao	地方 dìfang
弟兄 dìxiong	点心 diǎnxin	东家 dōngjia
东西 dōngxi	动静 dòngjing	动弹 dòngtan
豆腐 dòufu	嘟囔 dūnang	对付 duifu
对头 duìtou	队伍 duìwu	答复 dáfu
大人 dàren	道理 dàoli	多少 duōshao
懂得 dǒngde	搭讪 dāshan	当铺 dàngpu
得罪 dézui	底细 dǐxi	点缀 diǎnzhui
惦记 diànji	东边 dōngbian	短处 duǎnchu
斗篷 dǒupeng	德行 déxing	打交道 dǎjiāodao

E

耳朵　ěrduo

F

风筝 fēngzheng	福气 fúqi	反正 fǎnzheng
费用 fèiyong	分量 fènliang	夫人 fūren
父亲 fùqin	翻腾 fānteng	分寸 fēncun
风水 fēngshui	凤凰 fènghuang	扶手 fúshou

服侍 fúshi　　　　　斧头 fǔtou　　　　　富态 fùtai

G

甘蔗 gānzhe　　　　干事 gànshi　　　　高粱 gāoliang
膏药 gāoyao　　　　告诉 gàosu　　　　疙瘩 gēda
胳膊 gēbo　　　　　工夫 gōngfu　　　　功夫 gōngfu
姑娘 gūniang　　　　故事 gùshi　　　　　寡妇 guǎfu
怪物 guàiwu　　　　关系 guānxi　　　　官司 guānsi
规矩 guīju　　　　　闺女 guīnü　　　　　干净 gānjing
感激 gǎnji　　　　　跟前 gēnqian　　　　工人 gōngren
公平 gōngping　　　固执 gùzhi　　　　　过来 guòlai
过去 guòqu　　　　干粮 gānliang　　　　告示 gàoshi
格式 géshi　　　　　工钱 gōngqian　　　公道 gōngdao
公家 gōngjia　　　　功劳 gōnglao　　　　恭维 gōngwei
勾当 gòudang　　　估量 gūliang　　　　轱辘 gūlu
胳臂 gēbei　　　　　光溜 guāngliu　　　棺材 guāncai

H

蛤蟆 háma　　　　　含糊 hánhu　　　　行当 hángdang
合同 hétong　　　　和尚 héshang　　　　核桃 hétao
红火 hónghuo　　　　厚道 hòudao　　　　狐狸 húli
胡琴 húqin　　　　　糊涂 hútu　　　　　皇上 huángshang
胡萝卜 húluóbo　　　活泼 huópo　　　　火候 huǒhou
伙计 huǒji　　　　　护士 hùshi　　　　　好处 hǎochu
喉咙 hóulong　　　　后边 hòubian　　　　后面 hòumian
花费 huāfei　　　　回来 huílai　　　　　回去 huíqu
活动 huódong　　　　害处 hàichu　　　　行家 hángjia
和气 héqi　　　　　荷包 hébao　　　　　滑稽 huáji
荒唐 huāngtang　　　黄瓜 huánggua　　　恍惚 huǎnghu
晦气 huìqi　　　　　火气 huǒqi　　　　　伙食 huǒshi
祸害 huòhai　　　　晃悠 huàngyou　　　呼噜 hūlu
晃荡 huàngdang　　　糊弄 hùnong　　　　寒碜 hánchen
囫囵 húlun　　　　　花哨 huāshao　　　　葫芦 húlu
胡同 hútong

J

机灵 jīling	脊梁 jǐliang	记号 jihao
记性 jìxing	家伙 jiāhuo	架势 jiàshi
嫁妆 jiàzhuang	见识 jiànshi	将就 jiāngjiu
交情 jiāoqing	叫唤 jiàohuan	结实 jiēshi
街坊 jiēfang	姐夫 jiěfu	戒指 jièzhi
精神 jīngshen	机会 jīhui	机器 jīqi
记得 jìde	家具 jiāju	价钱 jiàqian
讲究 jiǎngjiu	进来 jìnlai	进去 jìnqu
觉得 juéde	忌讳 jìhui	缰绳 jiāngsheng
近视 jìnshi	糨糊 jiànghu	

K

咳嗽 késou	客气 kèqi	口袋 kǒudai
窟窿 kūlong	快活 kuàihuo	阔气 kuòqi
看见 kànjian	客人 kèren	会计 kuàiji
困难 kùnnan	考究 kǎojiu	苦头 kǔtou
宽敞 kuānchang	魁梧 kuíwu	

L

喇叭 lǎba	喇嘛 lǎma	老婆 lǎopo
老实 lǎoshi	老爷 lǎoye	累赘 léizhui
篱笆 líba	力气 lìqi	厉害 lìhai
利落 lìluo	利索 lìsuo	痢疾 lìji
连累 liánlei	凉快 liángkuai	粮食 liángshi
溜达 liūda	骆驼 luòtuo	萝卜 luóbo
老人 lǎoren	老鼠 lǎoshu	里边 lǐbian
里面 lǐmian	力量 lìliang	邻居 línju
逻辑 luóji	拉拢 lālong	懒得 lǎnde
牢骚 láosao	冷清 lěngqing	理事 lǐshi
伶俐 língli	琉璃 liúli	露水 lùshui
莲蓬 liánpeng	啰唆 luōsuo	趔趄 lièqie
亮堂 liàngtang	邋遢 lāta	

M

麻烦 máfan	麻利 máli	马虎 mǎhu

买卖 mǎimai	忙活 mánghuo	冒失 màoshi
眉毛 méimao	媒人 méiren	门道 méndao
眯缝 mīfeng	迷糊 míhu	苗条 miáotiao
苗头 miáotou	名堂 míngtang	名字 míngzi
明白 míngbai	蘑菇 mógu	模糊 móhu
木匠 mùjiang	毛病 máobing	没有 méiyou
棉花 miánhua	摸索 mōsuo	母亲 mǔqin
埋伏 máifu	卖弄 màinong	玫瑰 méigui
眉目 méimu	门面 ménmian	免得 miǎnde
牡丹 mǔdan	蚂蚱 màzha	毛糙 máozao
门道 méndao	苜蓿 mùxu	

N

难为 nánwei	脑袋 nǎodai	能耐 néngnai
念叨 niàndao	娘家 niánjia	奴才 núcai
女婿 nǚxu	暖和 nuǎnhuo	疟疾 nüèji
哪里 nǎli	那里 nàli	念头 niàntou
南边 nánbian	南瓜 nángua	南面 nánmian
难处 nánchu	泥鳅 níqiu	挪动 nuódong
闹腾 nàoteng	黏糊 niánhu	腻味 nìwei
念头 niàntou		

P

盘算 pánsuan	朋友 péngyou	脾气 píqi
屁股 pìgu	便宜 piányi	漂亮 piàoliang
婆家 pójia	铺盖 pūgai	佩服 pèifu
菩萨 púsa	葡萄 pútao	排场 páichang
牌坊 páifang	喷嚏 pēnti	碰见 pèngjian
琵琶 pípa	篇幅 piānfu	撇开 piēkai
泼辣 pōla	破绽 pòzhan	魄力 pòli
皮实 píshi		

Q

欺负 qīfu	亲戚 qīnqi	勤快 qínkuai
清楚 qīngchu	亲家 qìngjia	情形 qíngxing
情绪 qíngxu	妻子 qīzi	起来 qǐlai

气氛 qìfen　　　　前边 qiánbian　　　　前面 qiánmian
敲打 qiāoda　　　　瞧见 qiáojian　　　　俏皮 qiàopi
亲事 qīnshi　　　　轻巧 qīngqiao

R

热闹 rènao　　　　人家 rénjia　　　　　认识 rènshi
任务 rènwu　　　　容易 róngyi　　　　　软和 ruǎnhuo
热乎 rèhu　　　　　热和 rèhuo

S

扫帚 sàozhou　　　思量 sīliang　　　　算计 suànji
岁数 suìshu　　　　商量 shāngliang　　晌午 shǎngwu
上司 shàngsi　　　烧饼 shāobing　　　少爷 shàoye
生意 shēngyi　　　牲口 shēngkou　　　师父 shīfu
师傅 shīfu　　　　石匠 shíjiang　　　石榴 shíliu
时候 shíhou　　　　实验 shíyan　　　　实在 shízai
拾掇 shíduo　　　　使唤 shǐhuan　　　　世故 shìgu
事情 shìqing　　　收成 shōucheng　　收拾 shōushi
首饰 shǒushi　　　舒服 shūfu　　　　　舒坦 shūtan
疏忽 shūhu　　　　爽快 shuǎngkuai　　上来 shànglai
上面 shàngmian　　上去 shàngqu　　　身份 shēnfen
神气 shénqi　　　　使得 shǐde　　　　势力 shìli
书记 shūji　　　　熟悉 shúxi　　　　说法 shuōfa
神仙 shénxian　　　生日 shēngri　　　尸首 shīshou
石匠 shíjiang　　　势头 shìtou　　　　上头 shàngtou
收成 shōucheng　　手巾 shǒujin　　　洒脱 sǎtuo
算盘 suànpan　　　孙女 sūnnü　　　　时辰 shíchen
叔伯 shūbai　　　　神甫 shénfu　　　顺当 shùndang
顺溜 shùnliu　　　少相 shàoxiang　　世故 shìgu

T

特务 tèwu　　　　挑剔 tiāoti　　　　跳蚤 tiàozao
铁匠 tiějiang　　　头发 tóufa　　　　妥当 tuǒdang
唾沫 tuòmo　　　　太阳 tàiyang　　　态度 tàidu
听见 tīngjian　　　痛快 tòngkuai　　　太监 tàijian
提拔 tíba　　　　　体谅 tǐliang　　　体面 tǐmian

073

替换 tìhuan　　通融 tōngrong　　透亮 tōuliang
徒弟 túdi　　　嚏喷 tìpen　　　趿拉 tāla

W

挖苦 wāku　　　晚上 wǎnshang　　委屈 wěiqu
位置 wèizhi　　稳当 wěndang　　外边 wàibian
外面 wàimian　　味道 wèidao　　　围裙 wéiqun
王爷 wángye　　窝囊 wōnang　　　窝憋 wōbie

X

稀罕 xīhan　　　媳妇 xífu　　　　喜欢 xǐhuan
吓唬 xiàhu　　　先生 xiānsheng　 乡下 xiāngxia
相声 xiàngsheng　消息 xiāoxi　　　小气 xiǎoqi
笑话 xiàohua　　心思 xīnsi　　　行李 xíngli
兄弟 xiōngdi　　休息 xiūxi　　　秀才 xiùcai
秀气 xiùqi　　　学生 xuésheng　　学问 xuéwen
下边 xiàbian　　下面 xiàmian　　下去 xiàqu
显得 xiǎnde　　　想法 xiǎngfa　　小姐 xiǎojie
小心 xiǎoxin　　晓得 xiǎode　　　心里 xīnli
新鲜 xīnxian　　西瓜 xīgua　　　喜鹊 xīque
薪水 xīnshui　　修行 xiuxing　　虾米 xiāmi
行头 xíngtou　　寻思 xúnsi　　　絮叨 xùdao
消停 xiāoting　　悬乎 xuánhu

Y

衙门 yámen　　　胭脂 yānzhi　　　烟筒 yāntong
眼睛 yǎnjing　　秧歌 yāngge　　　养活 yǎnghuo
吆喝 yāohe　　　妖精 yāojing　　钥匙 yàoshi
衣服 yīfu　　　衣裳 yīshang　　意思 yìsi
应酬 yìngchou　冤枉 yuānwang　　月饼 yuèbing
月亮 yuèliang　云彩 yúncai　　　运气 yùnqi
烟囱 yāncong　　摇晃 yáohuang　　夜里 yèli
已经 yǐjing　　意见 yìjian　　　意识 yìshi
因为 yīnwei　　应付 yìngfu　　　用处 yòngchu
右边 yòubian　　遇见 yùjian　　愿意 yuànyi
妖怪 yāogai　　义气 yìqi　　　益处 yìchu

樱桃 yīngtao　　　右面 yòumian　　　鸳鸯 yuānyang
月季 yuèji　　　　匀称 yúncheng　　　芫荽 yánsui
丫鬟 yāhuan　　　阎王 yánwang　　　运动 yùndong
言语 yányu　　　　约莫 yuēmo　　　　牙碜 yáchen
佣钱 yòngqian

Z
在乎 zàihu　　　　早上 zǎoshang　　　怎么 zěnme
字号 zìhao　　　　自在 zìzai　　　　祖宗 zǔzong
作坊 zuōfang　　　琢磨 zuómo　　　　扎实 zhāshi
眨巴 zhǎba　　　　栅栏 zhàlan　　　　张罗 zhāngluo
丈夫 zhàngfu　　　帐篷 zhàngpeng　　　丈人 zhàngren
招呼 zhāohu　　　　招牌 zhāopai　　　　折腾 zhēteng
芝麻 zhīma　　　　知识 zhīshi　　　　指甲 zhǐjia(zhījia)
主意 zhǔyi(zhúyi)　转悠 zhuànyou　　　庄稼 zhuāngjia
壮实 zhuàngshi　　状元 zhuàngyuan　　早晨 zǎochen
照顾 zhàogu　　　　折磨 zhémo　　　　这里 zhèli
知道 zhīdao　　　　值得 zhíde　　　　主人 zhǔren
嘱咐 zhǔfu　　　　资格 zīge　　　　左边 zuǒbian
座位 zuòwei　　　　糟蹋 zāota　　　　渣滓 zhāzi
照应 zhàoying　　　阵势 zhènshi　　　证人 zhèngren
侄女 zhínü　　　　志气 zhìqi　　　　周到 zhōudao
住处 zhùchu　　　　左面 zuǒmian　　　庄家 zhuāngjia
笊篱 zhàoli　　　　侧歪 zhāiwai　　　侧棱 zhāileng
支棱 zhīleng　　　抓挠 zhuānao　　　咂摸 zāmo

七、儿化

跟轻声一样,韵母儿化也是普通话快速语流中一些音节带上卷舌色彩发生音变的现象,其物理属性发生改变,音色改变,这些改变的音节就叫儿化韵。它也不只是一种语音现象,同样是由于语法上的区别词性和词义的要求,还有语用的需求,才发生的改变。

儿化韵音变规律,只需记住颜迈在《现代汉语》中总结的口诀"大伙儿一块儿到花园儿帮忙儿捉小鸡儿剪树枝儿",这句话包括了所有儿化韵音变的情况。

1. 音节末尾是 a、e、ê、u(包括 ao、iao 中的 o 实际发音是[u]),韵母不变,直接加卷舌。如:哪儿、山坡儿、唱歌儿、台阶儿、水珠儿、小猫儿。

2. 韵母中韵尾是-i、n(in、ün 除外),韵尾脱落,主要元音韵腹卷舌。如:小孩儿、脸蛋儿。

3. i、ü 韵母后面,in、ün 丢失韵尾 n 变为 i、ü 后,增加[ə]再加卷舌。如:小鸡儿、金鱼儿、干劲儿、花裙儿。

4. -i[ɿ]、-i[ʅ]儿化后更换为[ə]。如:树枝儿、瓜子儿。

5. 韵尾是后鼻音 ng,将 ng 连同它前面的元音合成鼻化元音,并卷舌,如:胡同儿、小熊儿。后鼻音 ing 儿化时,要增加[ə],如:电影儿、花瓶儿。

儿化词训练

A

| 挨个儿 | 挨门儿 | 矮凳儿 | 暗处儿 |
| 暗号儿 | 暗花儿 | 熬头儿 | |

B

八成儿	八字儿	八哥儿	疤瘌眼儿
拔尖儿	把门儿	把儿	白案儿
白班儿	白干儿	白卷儿	白面儿
白眼儿狼	百叶儿	摆谱儿	摆设儿
摆摊儿	败家子儿	班底儿	板擦儿
板凳儿	半边儿	半道儿	半点儿
半截儿	半路儿	帮忙儿	绑票儿
傍晚儿	包干儿	包圆儿	宝贝儿
饱嗝儿	爆肚儿	北边儿	背面儿
背气儿	背心儿	背影儿	贝壳儿
被单儿	被窝儿	倍儿棒	本家儿
本色儿	奔头儿	鼻梁儿	笔调儿
笔架儿	笔尖儿	笔套儿	笔杆儿
边框儿	变法儿	便门儿	便条儿
标签儿	别名儿	别针儿	鬓角儿
冰棍儿	病根儿	病号儿	病包儿
不大离儿	不得劲儿	不推荐儿	不是味儿
布头儿	棒小伙儿	脖颈儿	

C

擦黑儿	猜谜儿	彩号儿	菜单儿
菜花儿	菜籽儿	蚕子儿	藏猫儿
草底儿	草帽儿	茶馆儿	茶花儿
茶几儿	茶盘儿	茶座儿	差不离儿
差点儿	岔道儿	长短儿	长袍儿
敞口儿	唱本儿	唱片儿	唱歌儿
唱高调儿	抄道儿	趁早儿	成个儿
秤杆儿	秤星儿	吃喝儿	吃劲儿
尺码儿	虫眼儿	抽筋儿	抽空儿
抽签儿	筹码儿	出活儿	出门儿
出名儿	出数儿	出圈儿	橱柜儿
雏儿	串门儿	串味儿	窗洞儿
窗花儿	窗口儿	窗帘儿	窗台儿
床单儿	吹风儿	槌儿	春卷儿
春联儿	戳儿	瓷瓦儿	词儿
葱花儿	从头儿	从小儿	凑数儿
凑趣儿	凑热闹儿	粗活儿	醋劲儿
搓板儿			

D

搭伴儿	搭茬儿	搭脚儿	打蹦儿
打盹儿	打嗝儿	打滚儿	打晃儿
打价儿	打愣儿	打鸣儿	打谱儿
打挺儿	打眼儿	打杂儿	打转儿
打球儿	大褂儿	大伙儿	大婶儿
大腕儿	大杂院儿	大家伙儿(们)	带儿
带劲儿	单调儿	单个儿	单间儿
单弦儿	蛋黄儿	蛋清儿	旦角儿
当面儿	当票儿	刀把儿	刀背儿
刀片儿	刀刃儿	刀尖儿	道口儿
倒影儿	得劲儿	灯泡儿	底儿
底稿儿	底座儿	地方儿	地面儿
地盘儿	地皮儿	地摊儿	跺脚儿

077

点儿	点头儿	垫圈儿	垫底儿
电影儿	调号儿	调门儿	调包儿
掉价儿	钓竿儿	碟儿	丁点儿
顶牛儿	顶事儿	顶针儿	定弦儿
动画片儿	兜儿	斗嘴儿	豆花儿
豆角儿	豆芽儿	豆腐干儿	逗乐儿
逗笑儿	独院儿	肚脐眼儿	对过儿
对号儿	对口儿	对劲儿	对联儿
对门儿	对面儿	对味儿	对眼儿
对半儿	多半儿	多会儿	朵儿

E

摁钉儿	摁扣儿	耳垂儿	耳根儿
耳膜儿	耳朵眼儿		

F

发火儿	翻白眼儿	翻本儿	反面儿
饭馆儿	饭盒儿	饭碗儿	饭桌儿
房檐儿	肥肠儿	费劲儿	坟头儿
粉末儿	粉皮儿	粉条儿	份儿饭
封口儿	风车儿	风儿	缝儿
符号儿			

G

旮旯儿	盖戳儿	盖儿	赶早儿
赶趟儿	干劲儿	干活儿	高调儿
高招儿	高手儿	高跟儿鞋	稿儿
哥儿几个	哥们儿	个儿	个头儿
各行儿	各样儿	跟班儿	跟前儿
工夫儿	工头儿	勾芡儿	钩针儿
够本儿	够劲儿	够数儿	够味儿
瓜子儿	瓜瓢儿	挂名儿	乖乖儿
拐棍儿	拐角儿	拐弯儿	官衔儿
官名儿	管儿	管事儿	罐儿
光板儿	光杆儿	光棍儿	鬼脸儿
蝈蝈儿	锅贴儿	果冻儿	过门儿

钢镚儿　　　　　杠杆儿

H
行当儿　　　　　好好儿　　　　　好天儿　　　　　好玩儿
好性儿　　　　　好样儿　　　　　号码儿　　　　　号儿
河沿儿　　　　　合股儿　　　　　合伙儿　　　　　合身儿
盒儿　　　　　　合群儿　　　　　黑道儿　　　　　红人儿
红包儿　　　　　猴儿　　　　　　后边儿　　　　　后跟儿
后门儿　　　　　核儿　　　　　　胡同儿　　　　　胡琴儿
花儿　　　　　　花边儿　　　　　花卷儿　　　　　花瓶儿
花纹儿　　　　　花样儿　　　　　花园儿　　　　　花招儿
花瓣儿　　　　　花盆儿　　　　　花裙儿　　　　　花子儿
滑竿儿　　　　　话茬儿　　　　　话把儿　　　　　画儿
画稿儿　　　　　环儿　　　　　　慌神儿　　　　　黄花儿
黄牌儿　　　　　回话儿　　　　　回信儿　　　　　魂儿
豁口儿　　　　　火锅儿　　　　　火候儿　　　　　火炉儿
火苗儿　　　　　火星儿　　　　　火罐儿　　　　　豁嘴儿
豁口儿

J
鸡杂儿　　　　　急性儿　　　　　记事儿　　　　　家底儿
夹缝儿　　　　　夹心儿　　　　　加油儿　　　　　加塞儿
夹缝儿　　　　　价码儿　　　　　假条儿　　　　　肩膀儿
箭头儿　　　　　讲稿儿　　　　　讲价儿　　　　　讲究儿
胶卷儿　　　　　胶水儿　　　　　脚尖儿　　　　　脚印儿
较真儿　　　　　叫好儿　　　　　叫座儿　　　　　接班儿
接头儿　　　　　揭底儿　　　　　揭短儿　　　　　节骨眼儿
解闷儿　　　　　解手儿　　　　　借条儿　　　　　紧身儿
劲头儿　　　　　镜框儿　　　　　酒令儿　　　　　酒窝儿
酒盅儿　　　　　就手儿　　　　　锯齿儿　　　　　卷儿
角儿　　　　　　诀窍儿　　　　　绝招儿　　　　　金鱼儿

K
开春儿　　　　　开花儿　　　　　开火儿　　　　　开窍儿
开头儿　　　　　坎肩儿　　　　　坎儿井　　　　　看样儿
开小差儿　　　　靠边儿　　　　　炕头儿　　　　　磕碰儿

科班儿	科教片儿	壳儿	可口儿
吭气儿	吭声儿	空儿	空手儿
空地儿	空格儿	空心儿	抠门儿
抠字眼儿	口袋儿	口风儿	口哨儿
口味儿	口信儿	口罩儿	扣儿
苦头儿	裤衩儿	裤兜儿	裤脚儿
裤腿儿	挎包儿	块儿	快板儿
快手儿	快门儿	筐儿	葵花子儿

L

拉呱儿	拉链儿	拉锁儿	腊肠儿
来回儿	来劲儿	来头儿	篮儿
滥调儿	捞本儿	老伴儿	老头儿
老本儿	老底儿	老根儿	老话儿
老脸儿	老人儿	老样儿	泪花儿
泪人儿	泪珠儿	累活儿	冷门儿
冷盘儿	愣神儿	离谱儿	梨核儿
里边儿	理儿	力气活儿	连襟儿
脸蛋儿	脸盘儿	凉粉儿	凉气儿
两截儿	两口儿	两头儿	亮光儿
亮儿	聊天儿	裂缝儿	裂口儿
零儿	零花儿	零活儿	零碎儿
零头儿	领儿	领头儿	溜边儿
刘海儿	留后路儿	柳条儿	六指儿
遛弯儿	篓儿	露面儿	露馅儿
露相儿	露脸儿	炉门儿	路口儿
轮儿	罗锅儿	落脚儿	落款儿
落音儿			

M

麻花儿	麻绳儿	麻线儿	马竿儿
马褂儿	买好儿	卖劲儿	满分儿
满座儿	慢性儿	慢慢儿	忙活儿
毛驴儿	毛衫儿	冒火儿	冒尖儿
冒牌儿	帽儿	帽檐儿	没词儿

没地儿	没法儿	没劲儿	没门儿
没谱儿	没趣儿	没事儿	没头儿
没样儿	没影儿	没准儿	没好气儿
煤球儿	煤核儿	媒婆儿	美人儿
美术片儿	谜儿	蜜枣儿	棉球儿
棉签儿	门洞儿	门房儿	门槛儿
门口儿	门帘儿	门鼻儿	门墩儿
门铃儿	猛劲儿	米粒儿	猕猴儿
面条儿	面团儿	面片儿	苗儿
瞄准儿	明儿	明理儿	明情理儿
名词儿	名单儿	名片儿	摸黑儿
沫儿	末儿	模特儿	末了儿
墨盒儿	墨水儿	墨汁儿	模样儿
木橛儿	木头人儿		

N

哪会儿	哪儿	哪样儿	那儿
纳闷儿	奶名儿	奶皮儿	奶嘴儿
南边儿	南面儿	脑瓜儿	脑门儿
闹病儿	闹气儿	闹着玩儿	泥人儿
拟稿儿	年根儿	年头儿	年三十儿
念珠儿	鸟儿	牛劲儿	牛角尖儿
纽扣儿	农活儿	努嘴儿	挪窝儿
娘们儿	娘儿俩	齉鼻儿	

O

| 藕节儿 | 藕片儿 | | |

P

拍儿	牌号儿	牌儿	派头儿
盘儿	旁边儿	胖墩儿	刨根儿
跑堂儿	跑腿儿	跑调儿	配对儿
配件儿	配角儿	喷嘴儿	盆景儿
皮猴儿	皮夹儿	皮儿	屁股蹲儿
偏方儿	偏旁儿	偏心眼儿	片儿
片儿汤	票友儿	拼盘儿	瓶塞儿

平手儿	评分儿	坡儿	破烂儿
铺盖卷儿	蒲墩儿	蒲扇儿	谱儿

Q

漆皮儿	旗袍儿	棋子儿	起劲儿
起名儿	起头儿	起眼儿	气球儿
汽水儿	签儿	千层底儿	前边儿
前脚儿	前面儿	前儿	前身儿
钱串儿	钱票儿	枪杆儿	枪眼儿
枪子儿	腔儿	墙根儿	墙头儿
抢先儿	桥洞儿	瞧头儿	悄默声儿
巧劲儿	俏皮话儿	窍门儿	亲嘴儿
亲侄儿	轻活儿	球儿	蛐蛐儿
取乐儿	曲儿	圈儿	缺口儿
缺嘴儿			

R

瓢儿	让座儿	绕道儿	绕口令儿
绕圈儿	绕弯儿	绕远儿	热门儿
热闹儿	热天儿	热心肠儿	人家儿
人头儿	人味儿	人样儿	人影儿
人缘儿	日记本儿	日月儿	绒花儿
戎球儿	肉包儿	肉片儿	肉脯儿
肉丝儿	褥单儿	入门儿	入味儿

S

撒欢儿	撒娇儿	撒酒疯儿	撒手儿
塞儿	三弦儿	三轮儿	桑葚儿
嗓门儿	嗓子眼儿	沙果儿	沙瓤儿
砂轮儿	傻劲儿	傻帽儿	色儿
山根儿	闪身儿	扇面儿	上班儿
上辈儿	上边儿	上火儿	上劲儿
上款儿	上联儿	上面儿	上身儿
上座儿	捎脚儿	哨儿	伸腿儿
身板儿	身量儿	身子骨儿	神儿
婶儿	实心儿	石子儿	使劲儿

市面儿	事儿	事由儿	试味儿
收口儿	收条儿	收摊儿	手边儿
手戳儿	手绢儿	手套儿	手头儿
手腕儿	手心儿	手印儿	手鼓儿
书本儿	书签儿	书桌儿	熟道儿
熟人儿	树梢儿	树荫儿	数码儿
耍猴儿	耍心眼儿	双料儿	双响儿
双眼皮儿	水饺儿	水牛儿	水印儿
顺便儿	顺道儿	顺脚儿	顺口儿
顺路儿	顺手儿	顺嘴儿	顺杆儿爬
说话儿	说情儿	说头儿	说闲话儿
撕票儿	丝儿	死胡同儿	死心眼儿
死信儿	四边儿	四合院儿	松劲儿
松紧带儿	松仁儿	松子儿	送信儿
俗话儿	酸枣儿	蒜瓣儿	蒜黄儿
蒜泥儿	算盘儿	算数儿	随大溜儿
随群儿	碎步儿	岁数儿	孙女儿
榫儿	锁链儿		

T

台阶儿	抬价儿	摊儿	贪坑儿
痰盂儿	谈天儿	糖葫芦儿	趟儿
挑儿	桃仁儿	讨好儿	套间儿
套儿	蹄筋儿	提成儿	提花儿
替班儿	替身儿	天边儿	天窗儿
天儿	天天儿	甜头儿	挑刺儿
条儿	跳高儿	跳绳儿	跳远儿
贴身儿	帖儿	听信儿	同伴儿
铜子儿	筒儿	偷空儿	偷偷儿
头儿	头头儿	透亮儿	图钉儿
土豆儿	土方儿	土坡儿	腿儿
脱身儿	托儿		

W

| 娃儿 | 袜套儿 | 袜筒儿 | 外边儿 |

外号儿	外间儿	外面儿	外甥女儿
外套儿	弯儿	玩儿	玩儿命
玩儿完	玩意儿	腕儿	围脖儿
围嘴儿	卫生球儿	味儿	纹路儿
窝儿	蜗牛儿	物件儿	网兜儿

X

西边儿	稀罕儿	媳妇儿	戏班儿
戏本儿	戏词儿	戏法儿	细活儿
虾仁儿	下巴颏儿	下半天儿	下边儿
下联儿	下手儿	弦儿	闲话儿
闲空儿	闲篇儿	闲气儿	显形儿
现成儿	线头儿	线轴儿	馅儿
馅儿饼	香肠儿	香瓜儿	香火儿
香水儿	箱底儿	响动儿	相片儿
相框儿	像样儿	橡皮筋儿	消食儿
小半儿	小辈儿	小辫儿	小菜儿
小抄儿	小车儿	小丑儿	小葱儿
小调儿	小工儿	小褂儿	小孩儿
小脚儿	小锣儿	小帽儿	小米儿
小名儿	小跑儿	小钱儿	小曲儿
小人儿	小嗓儿	小舌儿	小市儿
小说儿	小偷儿	小性儿	小灶儿
小嘴儿	小街儿	小道儿	小鞋儿
小熊儿	小鸟儿	小猴儿	小不点儿
小白菜儿	小白脸儿	小两口儿	小人儿书
小心眼儿	笑话儿	笑脸儿	笑窝儿
楔儿	歇腿儿	邪道儿	邪门儿
斜纹儿	斜眼儿	鞋帮儿	鞋带儿
蟹黄儿	心肝儿	心坎儿	心路儿
心窝儿	心眼儿	信皮儿	信儿
杏儿	杏仁儿	胸脯儿	袖口儿
袖儿	袖筒儿	绣花儿	旋涡儿

Y

鸭子儿	牙口儿	牙签儿	牙刷儿
芽儿	雅座儿	压根儿	烟卷儿
烟头儿	烟嘴儿	言声儿	沿儿
眼角儿	眼镜儿	眼皮儿	眼圈儿
眼儿	眼神儿	眼窝儿	眼泡儿
羊倌儿	洋味儿	腰板儿	腰花儿
咬舌儿	咬字儿	药方儿	药面儿
药片儿	药水儿	药丸儿	药味儿
要价儿	爷们儿	页码儿	衣料儿
衣兜儿	一半儿	一边儿	一道儿
一点儿	一会儿	一块儿	一溜儿
一溜烟儿	一气儿	一身儿	一手儿
一顺儿	一下儿	一些儿	一早儿
一阵儿	一总儿	一个劲儿	一股劲儿
一股脑儿	椅子背儿	音儿	因由儿
阴凉儿	阴影儿	瘾头儿	印花儿
印儿	应声儿	应景儿	应名儿
营生儿	迎面儿	萤火虫儿	影片儿
影儿	硬面儿	硬手儿	油饼儿
油花儿	油门儿	油皮儿	邮包儿
邮戳儿	有点儿	有门儿	有趣儿
有数儿	有劲儿	右边儿	榆钱儿
鱼虫儿	鱼漂儿	雨点儿	原封儿
原主儿	圆圈儿	院儿	约会儿
约数儿	月份儿	月牙儿	

Z

咂嘴儿	杂牌儿	杂耍儿	杂院儿
杂拌儿	脏字儿	枣儿	招儿
早早儿	渣儿	栅栏儿	宅门儿
沾边儿	掌勺儿	掌灶儿	长相儿
账本儿	账房儿	找碴儿	罩儿
照面儿	照片儿	照样儿	这会儿

这儿	这样儿	针鼻儿	针箍儿
针眼儿	枕席儿	阵儿	整个儿
正座儿	汁儿	支着儿	枝儿
芝麻官儿	指甲盖儿	指头肚儿	纸匣儿
直溜儿	直心眼儿	侄儿	侄女儿
纸钱儿	指名儿	指望儿	指印儿
中间儿	盅儿	钟点儿	种花儿
重活儿	轴儿	皱纹儿	珠儿
猪倌儿	竹竿儿	主儿	主角儿
主心骨儿	住家儿	抓阄儿	爪尖儿
爪儿	转角儿	转脸儿	转弯儿
转圈儿	装相儿	坠儿	准儿
桌面儿	滋味儿	滋芽儿	字面儿
字儿	字帖儿	字眼儿	走板儿
走道儿	走调儿	走神儿	走味儿
走样儿	嘴儿	昨儿	作料儿
左边儿	坐垫儿	座儿	座位儿
做伴儿	做活儿	做声儿	

第三节 非语言交际

一、非语言交际的概念

语言是交际的符号系统,语言符号跟其他符号相比固然非常重要,但语言的局限就在于它从来不能单独完成交际任务,因为人的表达方式复杂而多样,语言交际要在多种符号的共同参与下才能实现自己的功能。所以,交际是语言和非语言因素协作完成的。

绝大多数专家从心理学、人类学、语言学等不同的角度着手研究非语言因素,几乎能够达成共识的是,他们都认为非语言信息在表达中产生的影响最大。在面对面交际中,只有35%左右是语言行为传递信息,其他都是通过非语言行为传递的,即有65%的交流属于非语言行为提供的。虽然有些学者认为只有55%,但是还是占据了信息表达的一半以上,大于包括了抑扬顿挫的语调和嗓音,更大于占7%的文字书写表达。学者们认为非语言交际包括在交际的环境中人为的和环境产生的对于传播者或者受传者含有潜在信息的所有刺激。

二、非语言交际的分类

非语言交际包括了非语言手段和非语言行为。

（一）非语言手段

非语言手段包括客体语和环境语。

客体语指能传递和展现交际主体文化特征和个性特征的非语言信息，包括相貌、妆容、体味、服饰、皮肤、修饰等。环境语指包括时间信息、建筑设计与室内装饰、音响、灯光、颜色、标识、空间信息（近体距离、领地观念、空间取向、座位安排等）等。

（二）非语言行为

非语言行为包括副语言和体态语。

在非语言行为的分类上，康登提出的二十四分法（手势、面部表情、服装、发式、行走姿势等），鲁希和基斯提出的三分法（手势语言、动作语言、客体语言），纳普的七分法（身体动作和体语行为、身体特征、体触行为、副语言、空间界域、化妆用品、环境因素），詹森的四分法（身体动作和姿势、对时间的态度、对空间的态度、一般交际习惯）影响比较大。中国语言学家赵元任首先关注到非语言，但直到20世纪八九十年代曹合建、毕继万等学者才开始引进西方非语言因素的研究成果。

1.副语言

1958年，乔治·特雷格专门提出"副语言"概念。马克尔（1964年），普塔西克和桑德尔（1966年），克里斯特尔（1974年）分别开始关注和研究副语言。

副语言又称类语言、超语言特征、辅助性语言，它是指说话时伴随语言产生的发音特征和语音现象，不属于语言的交际信息，包括音质、音强、音高、音幅、语速、音量、音域、语调、强调、停顿、沉默、节奏、话轮转换、非语义声音、整体表达风格上的抑扬顿挫。

副语言可分为有声副语言和无声副语言。

2.体态语

体态语又称身势语、态势语、肢体语言，指人交际过程中出现用身体示意动作来表达感情、交流信息、说明意向的沟通手段。包括姿态、手势、表情、体态（站姿、坐姿、近体距离）等内容。

西方最早对非语言手段的研究可以上溯到1872年达尔文出版的《人类和动物的表情》。关于人的姿势，达尔文认为这些非语言符号是先天具有的，是生理性的条件反射，不受文化制约。20世纪40年代，在博厄斯、萨丕尔、拉巴尔、埃弗龙等人影响下，出现了伯德惠斯特尔、戈夫曼、谢夫伦、肯登的非语言研究成果。伯德惠斯特尔1952年出版《体语学导论》，正式提出体语学专名，系统研究体态语，阐述了体态语在非语言交际中的重要性，使体态语研究成为一门专业的学科。

美国心理学家霍尔的《无声的语言》，法斯特的《体态语言》，莫里斯的《人体秘语》，皮兹的《人类行为语言》，使20世纪六七十年代体态语的研究达到一个高峰。埃克曼、弗里森和索伦森研究五种不同文化背景的人们的面部表情，发现所有的文化背景下的人，用来表情达意的面部表情基本相同。1970年美国的朱利叶斯·法斯特所著的《体态与交际》总结了非语言行为研究领域的成果。美国语言学家麦克尼尔对体态语进行了专门的研究，提出了体态语、语言、思想三者相互关系的创造性观点，认为"手势和语言是同一心理过程的两个方面，属于同一系统"。体态语在交际中参与言语生成和理解的全部心理过程，和语言在思想中融为一体，共同表达具体内容，把无形的思想与心理形象直接转化成动态的感觉、视觉形象，是言语与行为的完美结合。

三、非语言行为的作用

非语言手段介入交际中，不是一个简单的添加现象，应该说很大程度上是人的肌体机能导致的，是人的本能使然，是无法随意或刻意抹掉的。比如，人在盛怒之下的呵斥，在数落、咒骂的同时，嘴唇、手指会发麻，心跳加速，气喘吁吁，甚至会出现昏厥。常说的"要气死了"，就是在这种情绪下说的话，会带上所谓的"气得发抖"的颤音、断断续续的哽咽音、呼哧呼哧的喘息声、疯狂的咆哮声或破嗓沙哑的嘶叫声。相应的，当人在恋爱中，尤其是受充满爱意的朦胧感驱使去互相表白的时候，就像《诗经·氓》和《诗经·溱洧》篇记载的"言笑晏晏""伊其相谑"，说的话会带着"咯咯咯"的嬉笑声。过去老辈人经常教训"女孩儿家要稳重点儿，别一天跟那些男孩儿'咯咯咔咔'的"，说的就是这种情况。恋爱中的女性多数还会噘着嘴唇说话，言语中带上嘟噜声，也会拉紧声带改变音色，让语音变得纤细绵长，言语中会带上所谓的"嗲声嗲气"的"发嗲"声，这就是常说的对着异性"撒娇""耍赖"。恋爱中的男性也有类似的状态，只不过采取另外的非语言方式，比如，说话会"拖声拖气",会嬉皮笑脸,像《诗经·氓》里描述的"氓之蚩蚩"似的,会适当地收紧声带和控制气息,发出一种柔和甜蜜声,隐蔽男性对男性说话的那种雄赳赳的"粗声大气"的胸腹气息、鼻音和喉音。

非语言因素可以说是交际中最精彩的部分,给语言增添了"绘声绘色"的效果,使声音形象具有可感性。它对幼儿学习语言、教师教授语文,对需要根据不同人物性格、情绪、场景、事件有不同要求的影视剧台词、声乐唱词、舞蹈肢体语言训练来说都非常重要,人们对它的关注在某些古老艺术中已经持续了上千年,直到今天,仍然对它专门进行训练。

第四节　朗读和说话训练的方法

一、朗读和说话的差异

朗读和说话训练的内容,都要从词语过渡到各种句子,不只是集中在声韵调上。因此朗读和说话要讲究情感、意义表达,就要跟所有影响语调、语气、语义的因素挂钩,比如节奏中的音步和停顿,句调中的升降,语速中的快慢缓急,音变中的轻重格,甚至音量、音域、修饰音都与其相关。这些因素,已经超出语言范畴,属于非语言行为中的副语言领域。在这方面,朗读和说话的要求有一致性,两者可以并提。

朗读中的有稿播报、解说词朗读,影视戏台词,说话中的讲故事、说书、规定主题的演讲、普通话测试命题说话、策划的专题采访或主持,都依凭文稿,可以事先做拟稿准备。但是,基于原稿的加工这一性质始终没有改变,即使是舞台上台词脱稿表演,也是以强记台词为基础,做到"胸有成竹"的。朗读播报、解说中依赖稿件的成分较重,相对而言,主持、采访中临场发挥则更重要。

朗读和说话的最主要区别,在于自由性上。比如聊天,没有固定的话题,没有事先准备,甚至发话者和受话者双方没有约定、互不认识。自由说话对作为言语行为主体的发话者和受话者二者的思维、修辞、语境、语篇、语义、虚实指向、话题开启与推进、话轮转换、会话原则等,在语用层面、语义层面、非语言交际层面的涉及更多、更深、更为复杂。

有时候朗读要借鉴说话的技巧,比如台词。有时候说话要借助朗读的技巧,比如要描述一些诗情画意景象。但是这里把朗读排在说话前面,是因为对语调、语气的训练,不可脱离标准字音、字调。副语言因素的把控,还得依赖最基本的字词。如果只有语调、语气,抒情到位,但是字音不准,同样没有意义。基于西南官话区的学习者受到母音负迁移影响的现象,应先从双音节词语练习慢慢过渡到小短句练习。

二、影响朗读和说话的因素

(一)音变现象

本章以前的章节所涉及的语音知识就像铺路石,都是为朗读和说话做准备,列举的训练材料全部是词语。朗读训练首先要涉及语流中句子层面的音变现象,例如轻声、儿化、"啊"的音变、变调等。

(二)非语言行为中的副语言

副语言包括有声副语言和无声副语言。无声副语言有话轮转换、气息、沉默、语速等,有声副语言包括各种不同于叹词和拟声词的非语义声音,例如咳嗽、清嗓、弹舌、响指等。副语言之所以被称为语言的修饰成分,是因为语言当中的特色刚好是由它来体现。即使是考试达到一级水平的人,依然会出现"字化"现象,句子每个字音都正确,但是整个句子没有灵魂,是一种冷冰冰、干巴巴的标准,丢失了朗读和会话中轻重音、停顿、节奏、语气、气息、语速、腔调等影响语调自然流畅的决定性的副语言因素。国内很多现代汉语教材在语音一章中讲到朗读一节,仅仅谈及重音、停顿、句调,没有从副语言角度分析它们是影响读说的综合要素;副语言研究论文极少分析副语言对普通话高阶段的朗读和会话教学的影响;普通话测试的研究中也极少分析影响普通话朗读和说话训练中自然流畅度的难点正是副语言,极少关心曲艺、解说、配音、表演艺术的语言中非语言行为发挥的价值,而这些是朗读和说话训练中必不可少的成分。

(三)思维

很多人会出现这样的情况,学了十多年的外语,能读懂,却看不懂外国电视与电影。天天看说普通话的电视、听普通话播的新闻,却说不好普通话,用母语表达时,可以滔滔不绝,一改为普通话就词不达意,感觉脑子跟嘴巴拧着一股劲儿,就是协调不起来。还有的人,从小学到大学都在学习普通话,但就是没"北京语音"那股"标准音"的味儿,怎么都带着母音的色彩。许多语言学家、心理学家都想深入探究人是如何学习母语,如何能驾驭多种语言,如何拥有好的口才。但一直苦恼的是,大脑调度各个机能生成语言能力的"流水线"活动具有隐秘性,整个语言的学习和表达过程都好像一个"地下暗流",不知道是怎么学的,也不知道是怎么说的。那么,要了解人说话的能力,还得先了解人的大脑。

医学证实,人的大脑的生理构造都是一样的,分成左右两个半球,中间由神经纤维——脑桥连通。语言跟左半球联系紧密。左半球管右半身和抽象思维,右半球管左半身和感性思维。所以不管说什么语言的民族,思维都一样,只是使用带着不同民族特性的语言罢了。比如,汉语说"我爱你",英语说"I love you",仅仅是语言不同,要表达的中心思想都是"我爱慕你,我喜欢你,你是我心仪的人"。初生的婴儿大脑两个半球还没专业分工,分工的过程与学说话的过程一致,大约五六岁实现分工专业化。十二三岁左右半球功能定型,这个时期也是母音在脑子里扎根的时期。从青春期开始,默读、速读、推理、归纳、抽象思维能力和其他复杂的心理活动得到进一步发展。

说话其实就是各种心理活动综合运用的过程,它是把思维默不作声地运作所产生的悄然无声的思想,在一套语言规则指导下转化成有声的、可以捕捉的言语。说者和听者都要经过现实原则、合作原则来配合,达成最终的"言语行为",即人通过词句传达的意义交际并做出的行为。思维、思考的过程是无法看见的,只有通过说出的话来分析。如果一个人拉拉杂杂地说出一段不太容易理解、意思含糊的话,则表明说话者思路不清晰。如果一个人说出的一段话,有一个鲜明的观点,有几个令人信服的实例证明这个观点,最后又有一个与观点相一致的总结,即使是三言两语也会给人中心明确、思路清晰、言之有理的感觉。因此,说话训练的第一步就是思维训练,要做到思路清晰,就如同写文章时讲究有主次、有层次地先搭建框架结构,至于叙述或论述的文采、修辞、措辞等就是在框架下展开。

三、朗读和说话训练的方法

(一)增音法

朗读要从词或者短语过渡到句子。中国文学中四言绝句、五言律诗、七言律诗尤为丰富,诗句本身规定了音节数量,而且表达了千万种风情。从三字、四字、五字、六字、七字,由少到多不断增加音节,把难点音在逐步加多的音节中控制好,同时训练语调和语气,把句子中蕴含的情感表达出来。训练时,应选择情歌歌词,如《诗经》中的"国风",乐府民歌,新疆木卡姆。"国风""乐府""木卡姆"是当时的民歌,因为情歌表达的情感更浓烈,特别是民歌中的情歌,歌词的修辞生动,火辣直白,对于句意理解更容易。中国过去的宋词元曲,都是用来唱的,今天吟诗诵词不过是苦于曲调失传之后的无奈。一定的情绪在语言无法抒发和表现的时候,便要借助乐曲。

朗读、说话的中心目的是传情达意,情感是读和说的灵魂,驱动着一切形式为它服务。随着音节增多,句子越来越长,字音控制不但要好,同时要能读出感情,情感体验必须跟上。一些名曲唱段,因为情绪、曲调衔接得正好,被广泛接受认可,一代一代地传承,所以这种众人心中达成共识的作品,能很好地体现人类的普遍性的、共性的情感经验。也选择经典歌剧的歌词。歌剧兼有歌曲和戏剧的特点,即有曲调,有故事情节,方便教师像导演一样结合故事情节,借鉴音乐的效果,训练学生情绪的调动,从而使其运用好语气、语调去驾驭语言,把歌剧的唱词朗诵得更美。

1.三音节

三字经

人之初,性本善。性相近,习相远。苟不教,性乃迁。教之道,贵以专。
昔孟母,择邻处。子不学,断机杼。窦燕山,有义方。教五子,名俱扬。
养不教,父之过。教不严,师之惰。子不学,非所宜。幼不学,老何为。
玉不琢,不成器。人不学,不知义。为人子,方少时。亲师友,习礼仪。
香九龄,能温席。孝于亲,所当执。融四岁,能让梨。悌于长,宜先知。
首孝悌,次见闻。知某数,识某文。一而十,十而百。百而千,千而万。
三才者,天地人。三光者,日月星。三纲者,君臣义。父子亲,夫妇顺。
曰春夏,曰秋冬。此四时,运不穷。曰南北,曰西东。此四方,应乎中。
曰水火,木金土。此五行,本乎数。曰仁义,礼智信。此五常,不容紊。
稻粱菽,麦黍稷。此六谷,人所食。马牛羊,鸡犬豕。此六畜,人所饲。
曰喜怒,曰哀惧。爱恶欲,七情具。匏土革,木石金。丝与竹,乃八音。
高曾祖,父而身。身而子,子而孙。自子孙,至玄曾。乃九族,人之伦。
父子恩,夫妇从。兄则友,弟则恭。长幼序,友与朋。君则敬,臣则忠。
此十义,人所同。凡训蒙,须讲究。详训诂,明句读。为学者,必有初。
小学终,至四书。论语者,二十篇。群弟子,记善言。孟子者,七篇止。
讲道德,说仁义。作中庸,子思笔。中不偏,庸不易。作大学,乃曾子。
自修齐,至平治。孝经通,四书熟。如六经,始可读。诗书易,礼春秋。
号六经,当讲求。有连山,有归藏。有周易,三易详。有典谟,有训诰。
有誓命,书之奥。我周公,作周礼。著六官,存治体。大小戴,注礼记。
述圣言,礼乐备。曰国风,曰雅颂。号四诗,当讽咏。诗既亡,春秋作。
寓褒贬,别善恶。三传者,有公羊。有左氏,有谷梁。经既明,方读子。
撮其要,记其事。五子者,有荀杨。文中子,及老庄。经子通,读诸史。

考世系,知终始。自羲农,至黄帝。号三皇,居上世。唐有虞,号二帝。
相揖逊,称盛世。夏有禹,商有汤。周文武,称三王。夏传子,家天下。
四百载,迁夏社。汤伐夏,国号商。六百载,至纣亡。周武王,始诛纣。
八百载,最长久。周辙东,王纲堕。逞干戈,尚游说。始春秋,终战国。
五霸强,七雄出。嬴秦氏,始兼并。传二世,楚汉争。高祖兴,汉业建。
至孝平,王莽篡。光武兴,为东汉。四百年,终于献。魏蜀吴,争汉鼎。
号三国,迄两晋。宋齐继,梁陈承。为南朝,都金陵。北元魏,分东西。
宇文周,与高齐。迨至隋,一土宇。不再传,失统绪。唐高祖,起义师。
除隋乱,创国基。二十传,三百载。梁灭之,国乃改。梁唐晋,及汉周。
称五代,皆有由。炎宋兴,受周禅。十八传,南北混。辽与金,帝号纷。
迨灭辽,宋犹存。至元兴,金绪歇。有宋世,一同灭。莅中国,兼戎狄。
九十年,国祚废。明太祖,久亲师。传建文,方四祀。迁北京,永乐嗣。
迨崇祯,煤山逝。廿二史,全在兹。载治乱,知兴衰。读史书,考实录。
通古今,若亲目。口而诵,心而惟。朝于斯,夕于斯。昔仲尼,师项橐。
古圣贤,尚勤学。赵中令,读鲁论。彼既仕,学且勤。披蒲编,削竹简。
彼无书,且知勉。头悬梁,锥刺股。彼不教,自勤苦。如囊萤,如映雪。
家虽贫,学不辍。如负薪,如挂角。身虽劳,犹苦卓。苏老泉,二十七。
始发愤,读书籍。彼既老,犹悔迟。尔小生,宜早思。若梁灏,八十二。
对大廷,魁多士。彼既成,众称异。尔小生,宜立志。莹八岁,能咏诗。
泌七岁,能赋棋。彼颖悟,人称奇。尔幼学,当效之。蔡文姬,能辨琴。
谢道韫,能咏吟。彼女子,且聪敏。尔男子,当自警。唐刘晏,方七岁。
举神童,作正字。彼虽幼,身已仕。尔幼学,勉而致。有为者,亦若是。
犬守夜,鸡司晨。苟不学,曷为人。蚕吐丝,蜂酿蜜。人不学,不如物。
幼而学,壮而行。上致君,下泽民。扬名声,显父母。光于前,裕于后。
人遗子,金满籯。我教子,惟一经。勤有功,戏无益。戒之哉,宜勉力。

2.四音节

静女

静女其姝,俟我于城隅。

爱而不见,搔首踟蹰。

静女其娈,贻我彤管。

彤管有炜,说怿女美。

自牧归荑,洵美且异。

匪女之为美,美人之贻。

野有蔓草

野有蔓草,零露漙兮。

有美一人,清扬婉兮。

邂逅相遇,适我愿兮。

野有蔓草,零露瀼瀼。

有美一人,婉如清扬。

邂逅相遇,与子偕臧。

3.五音节

陌上桑

日出东南隅,照我秦氏楼。秦氏有好女,自名为罗敷。罗敷喜蚕桑,采桑城南隅。青丝为笼系,桂枝为笼钩。头上倭堕髻,耳中明月珠。缃绮为下裙,紫绮为上襦。行者见罗敷,下担捋髭须。少年见罗敷,脱帽著帩头。耕者忘其犁,锄者忘其锄。来归相怨怒,但坐观罗敷。

使君从南来,五马立踟蹰。使君遣吏往,问是谁家姝?"秦氏有好女,自名为罗敷。""罗敷年几何?""二十尚不足,十五颇有余。""使君谢罗敷,宁可共载不?"罗敷前置辞:"使君一何愚!使君自有妇,罗敷自有夫。"

"东方千余骑,夫婿居上头。何用识夫婿?白马从骊驹;青丝系马尾,黄金络马头;腰中鹿卢剑,可直千万余。十五府小吏,二十朝大夫,三十侍中郎,四十专城居。为人洁白皙,鬑鬑颇有须。盈盈公府步,冉冉府中趋。坐中数千人,皆言夫婿殊。"

4.六音节

如梦令

(李清照)

常记溪亭日暮,沉醉不知归路。兴尽晚回舟,误入藕花深处。争渡,争渡,惊起一滩鸥鹭。

5.七音节

山鬼

(屈原)

若有人兮山之阿,被薜荔兮带女萝。既含睇兮又宜笑,子慕予兮善窈窕。乘赤豹兮从文狸,辛夷车兮结桂旗。被石兰兮带杜衡,折芳馨兮遗所思。余处幽篁兮终不见天,路险难兮独后来。表独立兮山之上,云容容兮而在下。杳冥冥兮羌昼晦,东风飘兮神灵雨。留灵修兮憺忘归,岁既晏兮孰华予。采三秀兮于山间,石磊磊兮葛蔓蔓。怨公子兮怅忘归,君思我兮不得闲。山中人兮芳杜若,饮石泉兮荫松柏。君思我兮然疑作。雷填填兮雨冥冥,猿啾啾兮狖夜鸣。风飒飒兮木萧萧,思公子兮徒离忧。

6.混合练习

溱洧

溱与洧,方涣涣兮。士与女,方秉蕳兮。女曰:"观乎?"士曰:"既且。""且往观乎?"洧之外,洵讦且乐。维士与女,伊其相谑,赠之以勺药。

溱与洧,浏其清矣。士与女,殷其盈矣。女曰:"观乎?"士曰:"既且。""且往观乎?"洧之外,洵讦且乐。维士与女,伊其将谑,赠之以勺药。

7.七音节以上

我是唯一的人,命中注定无人过问,也无人流泪哀悼;自从我生下来,从未引起过一线忧虑,一个快乐的微笑。在秘密的欢乐,秘密的眼泪中,这个变化多端的生活就这样滑过,十八年后仍然无依无靠,一如在我诞生那天同样的寂寞……然而如今当我希望过歌唱,我的手指却拨动了一根无音的弦;而歌词的叠句仍旧是"不要再奋斗了",一切全是枉然。

(选自夏洛蒂·勃朗特《呼啸山庄》)

刀郎麦西来甫
(木卡姆)

假如你能见我的情人面,请把我的情况对她谈。假如她打听我的心事,就说我过得快乐平安。幼时的情人梳着一条条发辫,我总想何时把你抱在胸前。现在虽小以后就会长大,亲吻你的肌肤是我最美的心愿。情人啊,你是来和我会面,还是要来把我熬煎。莫不是要让熄灭的情火,又在我心里重新点燃。夜晚去找情人会面,悄悄地走在水渠边。我像是被牵着双手不由向前,牵我手的是那情人的黑发辫。你像苹果树枝条一样柔软,你是否愿意向我把腰弯。你是否知道我心中的苦闷,我度日如年整天把你思念。

(二)体味法

心理学很多实验研究证明,人在不同的心理驱动下,会不自觉地使用不同的非语言手段。这是人的本能反应,是肌体用另一种跟语言平行的方式表达。比如,人在情窦初开的第一次约会中说话会出错、结巴,会流汗,会手抖,会脸红。人在撒谎时,同样会出现类似情况,而且还会翻白眼,会摩拳擦掌。要读好一个作品,得像导演一样,导入由心理引起的生理反应的体会。同时,要注意到有些反应是大起大落的发作,有些反应却是很微妙的细节;还要注意,同一种生理反应,因为心理不同表现也不同,比如发抖,首次约会中的发抖和撒谎时的发抖是不一样的。

歌剧歌词,兼容了带着故事情节的台词和用以吟唱的诗歌的特点,既可以唱,也可以说。它不像一些抽象派、朦胧派的诗歌那么艰涩幽深,因为它是用以表演的讲述故事的戏剧。可它又有别于一般戏剧的口语化台词,韵味含蓄。指导教师要像导演导戏一样,用"说戏"来调动学生已有的人生体验,将他们导入"此情此景""此时此刻""那就是我"的角色和场景中,在"有我"之中"忘我",这样才能读出作品最深处的闪光点。

1.《茶花女》(节选)

男:让我们高举起欢乐的酒杯,杯中的美酒使人心醉,这样欢乐的时刻虽然美好,但诚挚的爱情更宝贵。当前的幸福莫错过,大家为爱情干杯。青春好像一只小鸟,飞去不再飞回。请看那香槟酒在酒杯中翻腾,像人们心中的爱情。

合:啊,让我们为爱情干一杯再干一杯。

女:在他的歌声里充满了真情,它使我深深地感动。在这个世界上最重要的是快乐,我为快乐生活。好花凋谢不再开,青春逝去不再来。在人们心中的爱情,不会永远存在。今夜好时光请大家不要错过,举杯庆祝欢乐!

合:啊! 今夜在一起使我们多么欢畅,一切使我流连难忘!让东方美丽的朝霞透过花窗,照在狂欢的宴会上!

女:快乐使生活美满。

男:美满生活需要爱情。

女:世界上知情者有谁?

男:知情者唯有我。

合:今夜使我们在一起多么欢畅,一切使我们流连难忘。让东方美丽的朝霞透过花窗,照在那狂欢的宴会上。

2.《卡门》(节选)

爱情不过是一种普通的玩意,一点也不稀奇。男人不过是一件消遣的东西,有什么了不起。什么叫情?什么叫意?还不是大家自己骗自己。什么叫痴?什么叫迷?简直就是男的女的在做戏。是男人我都喜欢,不管穷富和高低。是男人我都抛弃,不怕你再有魔力。你要是爱上了我,你就自己找晦气。我要是爱上了你,你就死在我手里。

3.《蝴蝶夫人》(节选)

在一个晴朗的日子,我们看见了一缕轻烟缓缓升起,在海面遥远的地平线上,出现一只洁白的军舰,稳稳地驶进港湾,鸣炮致敬。你看到了吗?他来了! 可我不想就这么急匆匆地跑下去见他,我要一个人站在山崖顶上,毫无疲倦地一直等着他上来,期待着与他重逢的幸福。一个男人奔跑着的小黑点儿似的身影抛下拥挤的城市,越跑越近,奔向我。他到了跟前儿会说些什么呀?他会喊:"我的小蝴蝶,你在哪儿?"我偏不答应,我要悄悄藏起来,心儿狂跳,满腔的火焰在燃烧,他快活地不停地叫喊:"蝴蝶,蝴蝶,我最最亲爱的小蝴蝶,小东西,小橘花,快来我抱!"他叫着这些上次叫的名字,声音还像从前那么好听……一切的痛苦都会忘掉。相信我,铃木,我向你保证他一定会回来,别害怕,我会忠心地等着他!

4.《歌剧魅影》(节选)

女:似睡还似醒似梦似真,这迷离呼唤声颤动我心,是幽灵还是谁在我身畔,这夜半魅影歌声不停地向我呼唤。

男:只有在梦魇中你我共鸣,这离魂夜未央你不苏醒,留你脆弱心灵在我身畔,这夜半魅影歌声不停地向你呼唤。

女:你是禁锢幽灵为夜而生,我为你活白昼。

男:诉我心声。

合:我的灵魂和你歌声相连,这夜半魅影歌声不停地向你(我)呼唤。

女:你听这夜半魅影歌声,这迷离夜半魅影歌声。

男:在梦魇中的你可曾疑问,似魂似人魅影。

女:也假也真。

合:生活在迷宫里魂魄相缠,这夜半魅影歌声不停地向你(我)呼唤。

女:天使的声音,这迷离夜半魅影歌声,啊!为我唱,为我唱!

5.《博伊伦之歌》(节选)

哦!命运,像月亮般变化无常,盈虚交替;可恶的生活把苦难和幸福交织;无论贫贱与富贵都如冰雪般融化消亡。可怕而虚无的命运之轮,你无情地转动,你恶毒凶残,捣毁所有的幸福和美好的企盼,阴影笼罩,迷离莫辨,你也把我击倒;灾难降临,我赤裸的背脊,被你无情地碾压。命运摧残着我的健康与意志,无情地打击,残暴地压迫,使我终生受到奴役。在此刻,切莫有一丝迟疑;为那最无畏的勇士,也已被命运击垮,让琴弦拨响,一同与我悲歌泣号!

(三)背景渲染法

非语言行为是随着心理活动而下意识地流露出来的一种表达方式。其中,体态语表现出人受心理驱使做出的各种表情和姿势,副语言表现出人受心理驱使发出的有声的颤音、抽泣声、叹息声等各种语言的修饰音,也可以叫它语言的"衬音"。这些体态语和衬音只有在某种心理活动下才会出现。

比如：人在犹豫、纠结、郁闷、痛苦的状态下会皱眉；人在悲痛、恐惧、激动、负疚的状态下会伴随着颤音。

语言和非语言的平行协作，才能塑造一个可感的形象。非语言行为不用刻意表演出来，它的价值就在于它是"天然的"，是人最真实的、"装不出来"的表达行为。那么，为了真实、准确地把握台词朗读、自由说话，更加渴求这些不是"做戏"而来的表达行为。然而，不可否认的是影视剧始终是在"表演"，它不过是居于生活基础的表演，只不过在表演中要利用这些"非表演"成分来"表演"。所以，非语言行为运用的功夫成了一把衡量演员演技是否炉火纯青的标尺。

为了更好地融入角色的心理状态当中，学生需要对作品做更深入、更广泛的挖掘。首先，要将整个作品烂熟于心，能背诵就背诵，背诵能让人完全沉浸到作品的每个角落，体会每一个字、每一个词、每一个细微的描述，抓住每一丝牵动人心的细节。特别是影视剧台词，绝对要求背诵，必须脱稿表演。第二，发掘角色的背景。根据所有线索推断这个角色的出身、教育、情绪、观念、生活时代、工作、人际等方面，探索心灵深处的神经，寻找最微妙的感情，这是打动所有人的共性。第三，发掘作者的背景。一个人去创作，一定是某种程度的自我表达、情感寄托，思想的狂潮溢满到不得不用书写形式去宣泄，所写的曲子、角色或许有作者自己的影子。一定要像探索角色那样去了解这个作者生活的时代、社会背景、兴趣、爱好、经历等。多想想他为什么会写这个，他为什么要这么写，他的爱，他的恨，他是用怎样的灵魂建造着一个怎样的精神家园。第四，发掘自己。调动自己所有的经历、感觉、回忆，要像品尝有滋有味的食品一样去咀嚼作品的每一个词；像品酒师和品茶师那样去品尝每一句话；像鉴宝师那样去琢磨每一种情绪。结合作者、作品、角色和自己的经历多方位地去体会作品，多想想如果事情发生在自己身上会怎样，努力去揣摩、寻找那个句子最好的语调、语气以及会出现的衬音和态势。

1. 台词独白：《大话西游》（节选）

曾经有一份真挚的爱情摆在我的面前，我没有珍惜，等到失去的时候才后悔莫及，人世间最痛苦的事莫过于此。如果上天能够给我一个再来一次的机会，我会对那个女孩说："我爱你！"如果非要在这份爱上加上一个期限，我希望是一万年……

2. 台词对白：《简·爱》（节选）

罗彻斯特：你很沉着。像你这样身份地位的孤儿，哪来的这种沉着？

简·爱:它来自我的头脑,先生。

罗彻斯特:是我看到的,你肩膀上的那个?

简·爱:是的,先生。

罗彻斯特:你头脑中还有没有其他类的东西?

简·爱:我想它样样俱全,先生。

罗彻斯特:你从来没有嫉妒过,是不是,爱小姐?当然没有。我不必问你了,因为你从来没有恋爱过。还没有体会过这两种感情。你的灵魂正在沉睡,只有使它震惊才能将它唤醒,你认为一切生活,就像你的青春悄悄逝去一样,也都是静静地流走的。你闭着眼睛,塞住了耳朵,随波逐流,你既没有看到不远的地方涨了潮的河床上礁石林立,也没有听到浪涛在礁石底部翻腾,但我告诉你——你仔细听着——某一天你会来到河道中岩石嶙峋的关隘,这里,你整个生命的河流会被撞得粉碎,成了漩涡和骚动、泡沫和喧哗,你不是在岩石尖上冲得粉身碎骨,就是被某些大浪掀起来,汇入更平静的河流,就像我现在一样。

简·爱:你为什么和我讲这些?她和你与我有什么关系?你以为我穷,不好看,就没有感情吗?我也会的,如果上帝赋予我财富和美貌,我一定要使你难以离开我,就像现在我难以离开你!可上帝没有这样。但我的灵魂能够同你的灵魂说话,我们的精神是平等的,当我们经过坟墓,将同样地站在上帝面前!

3.台词独白:《呼啸山庄》(节选)

凯瑟琳:曾经有一个时候,他是我世上的一切,而我也同样是他世上的一切……可是幸福总有个尽头。本来嘛,到头来我们总得替自己打算,那性格温和、慷慨的,比起那些作威作福的人,只是不那么一味自私罢了。一旦发生什么事情,彼此明白了原来我在你心中并不是占着最重要的位置,那幸福便终止了。

在这个世界上,我最大的悲苦就是希思克利夫的悲苦。我活着的最大目的,就是他。即使别的一切全都消失了,只要他留下来,我就能继续活下去;而要是别的一切都留下来,只有他给毁灭了,那整个世界就成了一个极其陌生的地方,我就不再像是他的一部分了。我对林敦的爱,就像林中的树叶。我很清楚,当冬天使树木发生变化时,时光也会使叶子发生变化。而我对希思克利夫的爱,恰似脚下恒久不变的岩石……我就是希思克利夫!他并不是作为一种乐趣——我对他没有比对我自己更感兴趣——而是作为我自身存在我的心中。

希思克利夫：两个词就可以概括我的未来了：死亡和地狱。失去了她，活着也在地狱里。

4.独白：《哈姆雷特》（节选）

哈姆雷特：生存还是毁灭，这是一个值得考虑的问题；默然忍受命运的暴虐的毒箭，或是挺身反抗人世的无涯的苦难，通过斗争把它们扫清，这两种行为，哪一种更高贵？死了；睡着了；什么都完了；要是在这一种睡眠之中，我们心头的创痛，以及其他无数血肉之躯所不能避免的打击，都可以从此消失，那正是我们求之不得的结局。死了；睡着了；睡着了也许还会做梦；嗯，阻碍就在这儿：因为当我们摆脱了这一具朽腐的皮囊以后，在那死的睡眠里，究竟将要做些什么梦，那不能不使我们踌躇顾虑。人们甘心久困于患难之中，也就是为了这个缘故；谁愿意忍受人世的鞭挞和讥嘲、压迫者的凌辱、傲慢者的冷眼、被轻蔑的爱情的惨痛、法律的迁延、官吏的横暴和费尽辛勤所换来的小人的鄙视，要是他只要用一柄小小的刀子，就可以清算他自己的一生？谁愿意负着这样的重担，在烦劳的生命的压迫下呻吟流汗，倘不是因为惧怕不可知的死后，惧怕那从来不曾有一个旅人回来过的神秘之国，是它迷惑了我们的意志，使我们宁愿忍受目前的折磨，不敢向我们所不知道的痛苦飞去？这样，重重的顾虑使我们全变成了懦夫，决心的赤热的光彩，被审慎的思维盖上了一层灰色，伟大的事业在这一种考虑之下，也会逆流而退，失去了行动的意义。

5.解说词：《复活的军团》（节选）

公元前219年，在遥远的南方，今天广西的桂林一带，一支秦国军队正在这里驻扎。

在指挥部的营帐里，秦军统帅屠睢给远在咸阳的秦始皇写信：皇帝陛下，战事进展顺利，岭南之地不日即可归附，天下即将一统……

两年前，中原六国相继灭亡，黄河和长江一带已经并入秦国的版图。但是，南方珠江流域的大片土地仍然飘摇在外。秦始皇一声令下，50万秦军起程南下，大军没有遇到抵抗就迅速推进到桂林。

然而，战争的进展开始超出屠睢的意料。顽强的土著人神出鬼没，他们白天躲藏，晚上出来偷袭秦军。加上丛林中瘴气弥漫，毒虫遍地，远征的秦军将士疲惫不堪，经常在昏睡中被突然出现的对手杀死。战争久拖不决。

最为可怕的事情终于发生了，军中粮食即将枯竭，饥饿不仅在蚕食秦军的战斗意志，也在摧毁帝国征服南方的野心。

从北方的粮仓到南方前线，秦军的后勤保障主要依靠陆路运输，然而，丛林茂密、山高水远，未开发的南方令秦军的后勤保障变成一场噩梦。

在越人的一次偷袭中，最高统帅屠睢也被杀死，整个秦军陷入恐慌当中。

史记记载，秦始皇焦虑万分，他亲自赶往南方，一直到了湘江一带。秦始皇明白：要结束南方的战争，就必须解决军粮运输问题。

在今天广西的兴安县，有一条看起来十分普通的河流。2000年以来，生活在这里的人在河上行船、用河水灌溉。但是，有多少人知道：这条叫作灵渠的人工运河，是北方船队由长江进入岭南的唯一通道。

在那场旷日持久的丛林战之前，长江和珠江之间没有河流相通，50万秦军的粮草只能依靠陆路运输，军粮根本就无法保障。当秦始皇心急如焚时，一个叫史禄的人提出了一个大胆的建议。

在湘江和漓江之间修一条运河，打通南北两大水系。船队从巴蜀一带的粮仓出发，进入长江的支流湘江，再通过这条运河到达珠江的支流漓江，后勤物资就完全可以用水路送到战争前线。

这是一个惊人的创意。当时长江和黄河已经沟通，这意味着，从帝国的都城咸阳上船，就可以直达广州。但是，秦人面临着巨大的工程难题。

湘江和漓江之间直线距离仅4.8千米，但两江高低相差几百米，运河开通，渠水将狂奔而下，根本无法行船。

今天，已经没有人知道灵渠最初的设想如何产生，也没有人清楚秦人如何用两年左右的时间就完成了这一工程。然而，它确实是一个奇迹。2000多年前，这条33千米长的运河开通了人类历史上最大的内河运输网。

灵渠建成后，粮食运输畅通无阻。第二年，秦军就平定了土著人的反抗，帝国的疆域一直拓展到了南海之边。

平定了南方之后，匈奴人就成了秦军最后一个对手。北方草原上的这个游牧民族对中原文明一直是一个巨大的威胁，当秦军在南方奋战的时候，匈奴人越过了阴山脚下的黄河，直接威胁秦帝国的都城咸阳。

公元前215年，大将军蒙恬挥师北上，秉承秦始皇的旨意，去解决匈奴问题。但是，30万强悍的秦军并没有立即与匈奴骑兵决战，而是停在了年久失修的长城边上。

春秋战国时期，为了抵御匈奴人的侵犯，北方的秦、赵、燕三国都陆续在边界上修筑过长城。在今天甘肃省的临洮县，这段古长城就是在秦始皇之前的秦昭襄王所修。从秦长城向东北，经过一大片未设防的黄土沟壑后，就是已经灭亡的赵国曾经经营了几百年的长城。这条长城时断时续，早已破败不堪。到达北部边疆以后,30万秦军的任务就是维修、改造破旧的长城。

秦军和匈奴人周旋了几百年,蒙恬家族几代人都是秦国的战将,他应该非常了解与匈奴作战的艰难。

匈奴是游牧部落,他们居无定所,往来如风。不知什么时候,会突然聚集成一支凶狠的军队,转瞬间,又变成散落天边的牧民。匈奴人是游击战的高手,如果秦军仓促出击,匈奴骑兵会避开锋芒,绕到别处大肆抢掠,甚至凶猛攻击秦军的后方。而秦军劳师远征,寻求决战而不得,旷日持久将无法忍受。

在这种情况下,蒙恬选择了长城战略。秦军修建的长城,并不只是一堵墙而已。长城不仅用于防御,蒙恬改造过的长城是一个可以进攻的体系。

长城的首要作用是预警。这些最高处的烽火台就是了望哨,为了提前预警,有些烽火台甚至远远突出于长城之外。

在长城沿线,秦军修建了许多由坚固城墙围起的小城,这里是戍边军民的居所,也是长城工事上的战斗支撑点。

在离开长城有一定距离的后方,秦军又修筑了屯军要塞,这些要塞既能够容纳众多的军队,又可以囤积大量后勤物资。在出击匈奴时,就成了大部队的前进基地,也是长城防线的战略纵深。有了这套体系,部队就避免了无依无靠的野战。

一年多以后,蒙恬大军基本上完成了长城的维修和改造,与匈奴骑兵开战的时机到了。

以长城为依托,装备先进的秦军只用了一年,就打败了匈奴铁骑,匈奴人退到了大漠深处。

深切体会到长城战略价值的秦始皇,从此开始大规模地修建长城。秦帝国从内地征发了100万人,沿着5000千米长的北部边疆,展开了史无前例的国防工程。施工多在蛮荒偏远之地,《史记》记载:民夫的尸骨填平了沟壑。

西起临洮,东至辽东,一条万余里的长城横贯帝国的北方,秦人缔造了人类有史以来最为巨大的军事工程。

四、说话训练

(一)普通话水平测试中的说话题

普通话水平测试中的说话为命题说话。围绕话题说话的时间要求不少于3分钟,由受测人单向完成。这种划定话题范围的说话,可以准备得比较早,能够有足够的时间来避免语音、词汇、语法上的问题。第一,必须紧扣话题,搭好框架,做到有条理、层次分明;第二,注意难点音,说话时同样要注意分清平翘舌、边鼻音、前后鼻音等,不能使用方言词和方言语法;第三,要注意自然流畅,也就是要注意语调和语气,边想边说是可以的,但是不能结结巴巴、支支吾吾、含糊其辞,因此要避免无效话语,比如原句多次重复,习惯性口头禅等。

训练的时候,可以先请同学计时试测,一定要达到3分钟,结束之后由同学总结测试中出现的问题,在以后的练习中就要尽量减少这些错误,然后再请同学计时试测。通过这样反复训练,不仅对说话的内容比较熟悉,也能刻意去控制好字词句,最后再由教师测试,指出问题,给出建议。

30个说话题大致分为三类,可按照不同的类型搭建话语框架,准备话语材料。

1.记叙描述

(1)我的愿望/理想;(2)我尊敬的人;(3)童年的记忆;(4)难忘的旅行;(5)我的朋友;(6)我的假日生活;(7)我的成长之路;(8)我的家乡/熟悉的地方;(9)我向往的地方。

2.说明介绍

(1)我的学习生活;(2)我喜爱的动物/植物;(3)我喜爱的职业;(4)我喜爱的文学/艺术形式;(5)我的业余生活;(6)我喜欢的季节/天气;(7)我知道的风俗;(8)我和体育;(9)我喜欢的节日;(10)我所在的集体/学校、机关、公司;(11)我喜欢的明星/名人;(12)我喜爱的书刊;(13)购物/消费的感受。

3.议论评价

(1)谈谈卫生与健康;(2)学习普通话的体会;(3)谈谈服饰;(4)谈谈科技发展与社会生活;(5)谈谈美食;(6)谈谈社会公德/职业道德;(7)谈谈个人修养;(8)谈谈对环境保护的认识。

(二)自由说话

自由说话跟命题说话之间的某些方面悬殊较大。实质上,自由式说话是心理的思维过程,所以要训练思维。虽说是自由式、漫谈型,但是说什么内容,说话的观点是什么,这个来源于认识,所以阅读量十分重要。第二个是说话的逻辑性,要求思维缜密,这是说话具有条理性的基本保证。第三个是说话采取的方式,怎么说才是最令人愉快也最容易让人接受,这个牵涉的东西就更多,要求讲究会话原则,注意语境,运用恰当的风格,甚至还有心理上的揣测和策略。最后,用标准普通话完成。

普通话的确立是在去掉了方言土音的北京话的基础上的。就像学英语,英语老师总强调要用英语思维。虽然北京话和贵阳话同属于现代汉语北方方言,用北京话进行思维和用贵阳话进行思维还是有区别的。比如,说"等一下"和"等一会儿",说"好不好""行不行?"都可以,可贵阳人常说"等我一下好不好?",北京人常说"等我一会儿行不行啊?",甚至常说"等我一会儿行吗?"。思维的差异会在词汇、语法中体现,也会在口语和作品中流露出来。本节特地找了北京当地的作家、乐队、主持人的作品和节目,供观摩和阅读。首先要体会北京话的思维习惯,然后取其合理部分,在说话中借鉴这种说话方式。

1.模仿资料练习

关于以下资料,必须从语音、词汇、语法三个方面进行关注。着重关注语音,即北京语音,尤其是只有语句、语流中存在的语调。做好笔记,记录资料中与所学的读音不同的词语,并对记录下的不同读音的词语进行思考和查证。如果自己出错,要按照资料纠正过来。如果对方出错,要能说明错误原因。

(1)纪录片解说词

雷磊《隐形世界》,刚强《同饮一江水》,汪洋《揭秘癌症》,孙悦斌《敦煌》,谢猛《地球上的最后一片净土》《地球的未来》《伟大的卫国战争》,谢猛、李威《达尔文的勇敢新世界》,李易《建设埃及的法老王》《人类星球》《天地洛阳》,李野默《798》《现象 1980》《汉字五千年》,王旭《地球的力量》,徐涛《华尔街》,蓝强《方志中国》,杨波《赛季》,杨大林《昆曲六百年》,陆建义《历史名人与澳门》,董倩《幼童》。

(2)北京话影片

《贫嘴张大民的幸福生活》《我爱我家》《家有儿女》《与青春有关的日子》《风车》。

(3)北京话作家及代表作

①老舍,《骆驼祥子》《茶馆》《四世同堂》。

②王小波,《黄金时代》《白银时代》《黑铁时代》。

③王朔,《玩的就是心跳》《看上去很美》《王朔文集》《王朔自选集》《渴望》《编辑部的故事》。

④海岩,《便衣警察》《玉观音》《拿什么拯救你,我的爱人》《那一场风花雪月的事》《你的生命如此多情》《死于青春》《独家披露》《永不瞑目》《五星大饭店》《深牢大狱》《河流如血》。

⑤萧乾,《枣核》《吆喝》《老北京的小胡同》《梦之谷》。

⑥陈染,《世纪病》《与往事干杯》《无处告别》《私人生活》《嘴唇里的阳

光》《纸片儿》《独语人》《在禁中守望》《站在无人的风口》《潜性逸事》。

⑦张承志,《黑骏马》《北方的河》《金牧场》《黄泥小屋》《心灵史》《骑手为什么歌唱母亲》《阿勒克足球》。

⑧杨绛,《洗澡》《干校六记》《我们仨》《倒影集》《将饮茶》《弄真成假》《风絮》《称心如意》。

⑨启功,《启功絮语》《启功全集》。

2.句子练习

以下句子,是不同程度、不同等级的学生在3分钟说话测试题中出现的病句,其中包括词汇、语法和逻辑问题。找出这些问题并加以改正、归类,注意避免方言词汇、方言语法,以此训练普通话正确的表达方式。

(1)从未经过普通话培训

2012年3月4日下午,2小时;男,40岁。

①光是这样还不够哟!

②真的哟,别以为他不会讲,他真会讲的哟!

③看你咯,你自己说的咯!

④那是要紧扣主题的哟!

⑤所以那些贪官是没有优秀母亲的哟!

⑥这个人很厉害的哟!

⑦香港求佛兴写借条的哟!

⑧很多人都答不出哦,这种问题问倒很多人哦!

⑨注意哟,它是相互融合的哟!

⑩看见没?就可以做啦!

⑪听见没有?!

(2)经过一年普通话培训

2012年3至5月,一周一次课堂说话口试,艺术中专班。

①周末我也到黔灵公园坐坐啊这些。

②我们同事也在外面学的嘞嘛,也是按月收费的嘛!

③问我来了没有?——哦,没有,没有。

④先把鱼竿放在边上。

⑤我和一帮朋友出去烧烤。

⑥反正夏天出去很凉快的,可以看好多风景。

⑦我们一起去了一趟云南。

⑧买票很辛苦嘛。

⑨我们不会划,是请的那些人帮我们划的。

⑩七十八路到,九路也到,好多路。

⑪等死都没车。

⑫他认真嘞!

⑬我们寝室总共10个人,玩得最好的就是陆官菲……然后她也是我同学……然后头发有点长……然后每次逛街的时候,她都建议我哪件衣服好看……然后她也是非常漂亮。

⑭我们在一起练钢琴。

⑮我初一一直都很乖,初三就不乖。

⑯我跟我妈吵了一小会儿,有一个星期都不叫妈,后来想起后悔,一个星期后就开始叫妈了。

⑰单是一个字你都要搞好长时间,我在想这个时间你来得及不!

⑱就那样,我们就在那里吵吵吵。

⑲然后老师上课的时候,然后我们就在掏耳朵。

⑳我记得有次去放牛嘛。

㉑看到着火了就去帮它熄灭了。

㉒头发不是很长,是很短的那种。

㉓很慷慨般地安慰了我一番。

㉔然后两个人的关系特别好,然后,然后她转学,然后我也转学了。

㉕感情好到那种别人以为我们有不正当关系。

㉖从初二就是好朋友,很好玩的。

㉗从小到大我都喜欢听歌。

㉘她有时很火爆,经常向我们展示她最凶的一面。

㉙我去测量,我比以前矮了。

㉚小狗黑豆很黏我,在街上等我,猫没有狗会听话。

㉛过年时小孩子最高兴了,可以穿新衣服,也可以拿到压岁钱。

㉜我炒的菜很香的!

㉝他们觉得我为什么会喜欢张国荣这么老的明星,同学们对我很无语。

㉞我们那个时候没有,(写论文)下面有,(标题)上面没有,那你就走题了。

㉟我妈说:"姐姐、哥哥谈恋爱,你当什么电灯泡?"不让去,一直跟我妈讲就去了,冬天家去的,第二天的时候去三亚,去三亚的人很多嘛!

㊱然后记得最深的一次,去水里游泳,然后衣服弄湿了,然后就用火烤,

然后就把鞋烤烂了。

㊲要下几个坡这样子。

㊳我们后来没走成，一起吃年夜饭。

㊴然后跟外公出去看龙舟，然后感觉开心。

㊵然后我们坐车到玫瑰园，然后她说跳舞吧，我们手机放音乐跳起来，然后就有人给我们送花，然后一个姑娘问我能加进来吗？

㊶爸爸他们家穷，他就去坟上那个堆里边读。

㊷是读高中还是随便读一个中专，心里面想本科读完，每天努力一点。

㊸小伙伴们都还小，一样都不懂。

㊹回到以前的样子多好啊！

㊺厦门每天都是大太阳。

㊻科技非常地发展。

㊼春节聊聊天这样子。

㊽性格直爽，和我蛮相似的。

㊾被车子撞了，不知过了多久，它自己好了。

㊿家里面也安装了电脑。

(51)打工是在一个在卖家具的商店里面。

(52)香港那边不像这边比较没有秩序。

(53)免税啦，就冲着这些去香港，在那边很少有油烟。

(54)来到大学里面就经常与体育接触。

(55)一大群同学，很高兴，也很好玩。

(56)孩子要带得大气一些，要不得病。

(57)用鸡蛋与牛奶换着喂它。

(58)有一次我朋友喊我出去玩。

(59)去麻烦人家留在了贵阳这边。

(60)班里体育委员我都当着。

(61)实习结束，学校的老师在走廊站成一排，爬到半路，半中腰。

(62)那段舞是临时学的嘛，但没想到里面也有很多技巧。

(63)才艺这块，有一点那种感觉，在心里是有一点底的。

(64)把自己脚都扭到了。

(65)逛了圈下来，我什么才艺都没有，想到舞蹈，由于好学嘛，就说学舞吧！

(66)手小，说学乐器，可一个把位都卡不到。

㉗那时因为特别小嘛,到七八岁比较大一点儿的时候。

㉘高三和我的朋友有去练过吉他。

㉙以前记得读高中的时候,听爸爸们说。

⑰在我的家乡,像我这个年纪都没人读书了。

㉑把田里面的秧苗扯了很多出来。

㉒一开始的时候,听说我们去的那个地方很穷,十分钟不到就穿完城了。

㉓去年的时候,和几个一起去的朋友一起打篮球,今年的时候,晚上出到街上去。

㉔她嘞,她的脸太搞笑,红彤彤的,然后嘞……总之就是很平。

㉕小眼睛笑眯眯的都看不见了,下嘴皮有一颗痣。

㉖特搞笑的女孩,她头发很油,头发都是绑起来的。

㉗那只小狗蛮可怜的。

㉘希望有一天到别处去传播布依族的文化。

㉙过年的时候就会有新衣服穿,买好多新衣服。

㉚小孩子更高兴了,小孩子最喜欢春节了,因为可以得压岁钱,春节小孩子是最开心的。

㉛妈妈说你怎么不到处去玩。

㉜时间久了我和小狗就有了感情。

㉝我们平时都是六个人一起,平时非常照顾我,帮我去买药啊之类的。

㉞和朋友一起坐起火车回到家乡。

㉟一起上山,山上有很多好玩的。

㊱吃东西的时候嘴巴动来动去的。

㊲家里面养几只小兔子是非常好的事情,小兔子会过来吃。

㊳我星期五放学回家,他就和我在一起玩。

㊴围在一起坐起来吃团圆饭,坐起来看春晚。

㊵那只狗养在爸爸家。

㊶我从家里面出来,一下子看见狗狗冲过来。

㊷心里面每次参加都很激动。

㊸把水壶打烂了,就把小猫揪起来。

㊹咬到人就会有狂犬病。

㊺觉得里面没有什么好玩的。

㊻我觉得自己蛮笨的。

㉗吃着说着反正就是特别高兴!

㉘一大家子人去划船。

㉙它会舔你啊这些。

⑩当时体委选拔,我特别想进去。

⑪这个节日我和同学一起过的。

⑫我不像以前那样爱感冒。

⑬又不是叫你每天做好多好多运动。

⑭老师给我们说练芭蕾舞。

⑮我有一个妹妹嘛,在那里我们玩了好多东西!

⑯在有限的时间里面约上几个朋友踢一场比赛。

⑰我们和隔壁五班比篮球。

⑱一起玩跌子啊,跑牢房啊那些。

⑲一路照相一直照到大瀑布。

⑳记得到这个学校读书的时候,经常受老师批评。

⑪可能大家都不太喜欢体育这方面的。

⑫考完了一定要好好玩一场。

⑬外面那些小摊啊尽量少买些来吃。

⑭食堂不是很大,不大好吃,还有很多老师在那里守着。

⑮我们相处非常好,经常逛街,经常走在一起,常在寝室吹牛,其他人不是坑得很好。

⑯我们家是两层楼房,妈妈在下面开了一间小卖铺。

⑰后山上上去的时候,那里有一个草坪,我不大会烤肉,烤焦了,朋友会烤,烤得油会掉下来。

⑱我就乱说,乱扯!

⑲拿一个假期去打工。

⑳我们班北方同学的普通话,听起特有感觉。

㉑在图书馆里面。

㉒我在家煮饭等着我爸妈回来。

㉓我们一起去玩吧,我很喜欢玩,我最想去的地方是一个天堂。

㉔我从小妈妈就在外面,所以只有春节能见到她。

㉕一起玩到大的朋友一起上课一起下学。

㉖我每次假期都计划好的,可一到假期就打牌啊玩。

㉗像往常一样积极参加活动。

⑫⑧我学体育的嘛,第一次找事做蛮紧张,后来做兼职教练蛮放松。

⑫⑨总觉得哈,跟父母哈,没有跟爷爷奶奶亲。

⑬⓪我们才能过得更安逸!

⑬①女子职业学校的同学在没?你们是表演的是不是?你们表演的同学麻烦坐到这边来。

⑬②好甜啊,好香啊,太好吃了。

⑬③下面是弹奏了吗?哦哦哦,还不慌哈!

⑬④哎哟哎哟,好疼啊!

⑬⑤以前哈,他们约我,我都没时间去嘞嘛,这次必须去了。

⑬⑥细菌会跑到眼睛里去。

⑬⑦然后星期六的时候约着一起去逛街。

⑬⑧我也不知道我们两个怎么会玩得这么好。

⑬⑨把它切成一丝一丝的小丝。

⑭⓪把青葱和土豆丝放在一起炒。

⑭①提醒朋友留着点肚子吃下面的菜。

⑭②三年来我们一直没说过多少话。

⑭③每天我们都是一起上学。

⑭④我们的感情远了,看见了只是笑一笑。

⑭⑤只要有谁欺负我,她就帮我,我和她就是那种有福同享、有难同当的。

⑭⑥在学校里面,我是住校,她是走读,每次她都帮我混出去。

⑭⑦回来的时候,我们都觉得舅舅好了一些。

⑭⑧给他吃药的时候,(药名)都拿笔给他涂了。

⑭⑨去世以后,然后有一天我在读书嘛,姐姐来告诉我他去世了。

⑮⓪我们过年就在家里面做菜呀,看电视呀,吃东西呀这些。

⑮①大家坐在一起,大人打麻将,小孩就放鞭炮啊这些。

⑮②同学们在一起的时候,会搞喷水整老师。

⑮③我觉得普通话挺好学的,普通话有什么好学的。

⑮④拼音里面的很多音。

⑮⑤同一个错误在一篇文章里面可以犯很多次。

⑮⑥哪里错哪里对,自己都不知道。

⑮⑦自己的情感加在了普通话里面。

⑮⑧像主持人,我还去报名,当时我根本没有胆子上去,扯得天南地北的。

⑮⑨坐得久了一点,尾椎就疼,打球的时候发现好疼啊!

⑯坐姿不对，我个子高又坐前排，就像这样子坐，像这样子坐，像这样子坐。

⑯这个句不好造，这个好造。

⑯这个话题不好说。

⑯记得有一次我们骑单车去花溪。

⑯疯疯闹闹的，讲那些搞笑的事，她特别凶的啰，特别疯。

⑯因为我自己本身就有点胖嘛，就让我和她一起跑步。

⑯不可以把水往外面倒。

⑯吃饭了以后就不可以出去玩。

⑯不可以睡觉，跑到土地庙里那边。

⑯从小学开始读书就不喜欢跑步啊，跳远啊这些。

⑰我学跆拳道，跆拳道把手受伤。

⑰家里头离学校有一定的路途。

⑰乒乓球是我喜欢的一种之一，女生打乒乓球就是一直抬，男生不让我们，一直抽一直抽。

⑰交流会是不是男女之间在一起跳舞的那种，我好期待哦！

⑰那边吃狗肉，天哪，那么多狗，太残忍了。

⑰春节读大学的哥哥也回来了，大家自家做自家的拿手菜，我们小孩子就给大人说祝福的话。

⑰小学的时候，我喜欢体育嘛，脚被拐到了，请了好多天假。

⑰过春节家里面都做好吃的菜。

⑰现在的服饰跟以前是越来越像了。

⑰我们一起去外婆家，到了第二天我去外面玩。

⑱在家里面跟他一起看女孩子去市里面比赛。

⑱女孩子不要在这边妨碍我。

⑱包饺子的时候都不会说是让我们去包。

⑱老师同学都劝我一起参加，篮球能让心情变好。

⑱小的时候……长大的时候，一个女孩子家不能打网球。

⑱很小的时候我并不喜欢体育，因为我很讨厌我们的体育老师，我们在教室里面，不许出去。

⑱端午节好多同学都回家了，我和爸爸妈妈一起打羽毛球。

⑱当时我们班少了一个人，便叫我上去了。

⑱他要求多少盒以上才送不？

⑱⑨大家在一起玩反正很开心！

⑲⓪龙女出来玩,遇到危险了嘛,我们苗族小伙救了她。

⑲①挨她对完山歌,对她称心如意,就可以结婚。

⑲②我爸爸身高一米七,然后有点胖,看起来比较凶。

⑲③我妈妈的头发特别长,从小到大,她对我们几姊妹特别好。

⑲④我有两个哥哥,他们是双胞胎,从小到大特别令人讨厌,每天半路打架啊,疯疯癫癫。

⑲⑤她有点憨,买了件新衣服就这间寝室窜那间寝室窜的。

⑲⑥她在我们班算一个疯的小孩子,她有时候会跟我们撒一个小谎这些。

⑲⑦有时候我们在一起说一些事情,她总是第一个出来帮助我的人。

⑲⑧我的假日生活是很高兴的,我打麻将输了很多钱,希望明年打麻将赢回来。

⑲⑨今年假期没有什么好玩的,他不嫌弃我说离我远点。

⓶⓪⓪过年爸妈去奶奶那边过,就放我们几个小孩单独在这边过,我们坐在一起吃年夜饭。

⓶⓪①几个弟弟妹妹吵着出去玩,我和他朋友在家打麻将。

⓶⓪②我的朋友在324寝室哈,经常叫我打牌我又不来。

⓶⓪③每次她发脾气,我想去吼她。

⓶⓪④求我办事很温柔,翻脸就吼我。

⓶⓪⑤每天都要洗头,非常爱干净,有点爱睡觉。

⓶⓪⑥直到现在我们俩都还在一起,有一次我们一起回家。

⓶⓪⑦我有个大姐,有个二姐。我大姐有个小弟弟,我二姐也有个一个小弟弟。有个小弟弟叫亮亮,我打电话回去,我妈妈跟小弟弟说接电话呀,接电话呀。小弟弟不接,只是在电话旁边吼吼吼吼。小弟弟才八个月,还没有冒牙,不会说话。

（3）经过两年普通话培训

2012年3月4日上午,4小时;男,17岁。

①我刚进校啰,同学不知道我是学普通话的啰。

②整这样整那样。

③我们地理不是要上旅游地理啰。

④记忆力特别好嘞嘛。

⑤办公室大得要命。

⑥他在这边扎根嘞嘛。

⑦他是属于被关押的那种。

⑧像他们那个年代的人能知道去读书。

⑨他俄语说得特好嘛！

⑩什么东西我都会一点。

⑪时间久了有点累。

⑫老师说你去比赛嘛,我不去,比赛要背稿啰。

⑬我爷爷说:"理解一下你爸嘞嘛。"

⑭开始生意不好,他后来说连自杀的念头都有,后面生意上路了。

⑮我爸用钱就是那种大手大脚的,有一次买了甲鱼炖乌骨鸡,我妈硬是一块都没拈。

⑯初中时候懂事了啰,当时觉得哦,不时兴……

⑰我表弟在广州那边读书。

⑱我爸的西贡辣子鸡,就是接待外地客人这种。

⑲又去越南实地考察啰。

⑳我妈叫我跟我舅舅学酒店这方面嘞嘛。

㉑他那里是什么嘛,春节,有些员工不回家。

㉒过大年嘞嘛,他就买巧克力、太妃糖发给员工。

㉓足球？足球是好久以前学的。

㉔哇,当时觉得跆拳道好酷哦,就想学嘞嘛！

㉕哈韩哈日比较多啰这些。

㉖没关好窗户,就钻进去嘞嘛！

㉗我最好的朋友,我们一个小学,一个初中,一个高中。

㉘小的时候,五天吃了五十个馒头,哎哟天,馒头太舒服。

㉙电脑考试有什么好复习,等发下题来看,还是蛮难的。

㉚每个人抽到一样的题,它那考试还有什么嘛,还有 photoshop。

2012 年 3 月 10 日上午,4 小时;两位女同学,17 岁。

①不喜欢老师就不想学,喜欢那个老师就要好一点。

②明明看到了,就是黑屏了嘛。

③我们没有嘛！

④是嘛,在教室做什么都可以看得见。

⑤家长肯定觉得好嘛,我们肯定觉得不好嘛。

⑥上课下来他也跟你开玩笑啊这些。

⑦就有作者的介绍啊这些。

⑧不是分成两边吗？这边的嘛……那边的嘛。

⑨一个学期两本书上不完。

⑩他讲课自己把自己绕进去啦,根本就说不清楚。

⑪在我们班我们周围都是贵普。

⑫他就喜欢这样子整一下,他就这种。

⑬我们班主任调个位置都调不清楚。

⑭我给你们看几张照片嘛。

⑮他上课就是那种没人听的。

⑯我们那个老师一节课好多个"啊"哦,我们录起音的。

⑰我们化学(老师)有点搞笑,上课喜欢跟人开玩笑啊这些。

⑱我们那个"然后啦"老师还弄了爆炸头来。

2012年3月20日下午,1小时;两位女同学,17岁。

①放上酸酸辣辣的汁液,接着就可以吃。

②我学的民族唱法、美声唱法都有,我原来以为唱歌嘛,就是嗓子能唱出歌来就可以了。

③因为丝娃娃里面的佐料切成一丝一丝的。

④我妈给我说,可以切厚一些,也可以切薄一些。

⑤然后一面儿一面儿地煎黄。

⑥和同学疯,一没注意,上面还有一摊水,有几个老师来扶我,我才爬起来。

⑦我就给我妈妈说:"开始读了不？"

⑧全中国差不多都被我转了个遍儿。

⑨再说说我小时候学东西的事儿吧！

⑩她叫我爸后去买票,我爸好郁闷。

⑪考普通话时,认不到字怎么办？准带字典吗？

⑫我爸挺能忍的,他说吃止痛药要痛好久,不吃就痛一晚上,他就不吃。

⑬小提琴里面四根弦。

⑭这是需要最基础学习的。

⑮现在的小孩子惹不得。

⑯刚装的铁门被那个小孩子摇啊摇啊摇烂了。

⑰牙箍是上下逮着的。

⑱我是阴着胖。

⑲你看湖南卫视的《变形记》没？我期期都要看。

⑳如果努力一些可能考得上理想的学校,大部分时间都扑在了学习上面。

㉑猫虽然养不家。

㉒重点人又多,全部到齐了,而我们班只有几个人,还没有来。

㉓每个人的学习生活都有自己的一套方式。

㉔愿望分很多种。

㉕也不怎么知道超人是个什么概念。

㉖为以后有很多很快的音打基础。

㉗仅仅知道一个表面。

㉘主持人并不是那么好当的。

㉙缘分又把我们拉扯在一块儿。

㉚因为一说话才会出现那个问题嘛。

㉛尊敬他们的行为。

㉜这些道理是不可以打出来的。

㉝拉着导游去帮我说。

㉞但是也很好玩。

㉟连麻将都认不完。

㊱海豚和你玩上好半天。

(4)经过三年或三年以上普通话培训

2012年3月14日下午,40分钟;男,2009级播音主持专业,人三,21岁。

①生活在同一个语系里面。

②我为什么提出来讲这个定义呢?

③如果你不知道,有人问的话,不是那么好吧。

④我说的时候大家感觉一下。

⑤就是我们说的。

⑥可能不会太好啊!

⑦这边贵州的同学不会有太大问题。

⑧可能不会那么的规范。

⑨希望大家记住,记住之后,应用到学习中。

⑩齿龈在什么地方?

⑪对你的发声非常有帮助,非常有好处的。

⑫在这个地方我想强调一下。

⑬会对你说话的时候的轻重格式有个改善。

⑭我想问你们一个问题,有没有觉得……

⑮我们大一有去练声。

⑯口腔都要动用起来,动用之后,嘴再大一点,锻炼这个地方。

⑰这样转有什么好处呢?

⑱提唇肌,唇肌在这个地方。

⑲然后你知道为什么绕口令重要?

⑳快的一遍,然后慢的一遍,然后当你说话他自然就出来了。

㉑有没有同学没有听清楚刚才我讲的?

㉒今天你没有来上课,所以在课堂上实习一下。

㉓就会把生活中的语气带进去。

㉔举手然后我看一下你的边鼻音。

㉕也就是从电视上,怎么讲呢,也就模仿电视。

㉖不是特别容易听得出来。

㉗硬腭在哪儿呢? 就是齿龈再往上走一点。

㉘练习的时候把它发夸张一点。

2012年3月14日下午,1小时;男,2009级播音主持专业,大三,21岁。

①发这个音的时候,舌尖放在上齿龈背后。

②在这个地方气流是不能通过的。

③它是一个鼻音,发后鼻音的时候把它的归音咬得特别紧。

④给大家说一下哈!

⑤这两个词是比较有点儿难发音的。

⑥技巧我觉得还是没有太大问题的。

⑦大家感觉到没有,在咱们发音的时候。

⑧我们让同学来试一下吧。

⑨不是像咱们小学的时候,念慢一些。

2012年3月21日下午,30分钟;女,2009级播音主持专业,大三,21岁。

①然后顶住上齿龈,然后就可以发这个音……然后后面一组是后鼻,然后大家注意一下。

②这个鼻音不小心就往后发了,不要太往后靠。

③只是在归音的时候呢发出后鼻音。

④你会发现怎么一句话里面那么多后鼻音哈。

⑤大家来一遍哈,读到最后一个词哈。

⑥哎,往后,赶紧改过来!

⑦先往后发,然后改过来,这是后鼻韵哈。

⑧一定要把它区别下来,然后我们再学一个绕口令。

⑨大家看一下这个绕口令哈,这个是后鼻哈。

⑩我先带读一遍,然后大家齐着来一遍哈。

2012年3月21日下午,20分钟;男,2009级播音主持专业,大三,21岁。

①两个后鼻音差不多,然后讲一下它的发音原理。

②我们发一下这几个词哈,来,我们再读几个词哈。

③风筝的筝是轻声(把"轻声"读成重轻格)。

④发前鼻音气流是突然打开的那种,我们再读一下前鼻音那几个词哈。

⑤刚开学的时候老师有给两个勤工助学的名额。

3.篇章练习

以下范文,一可以作为朗读篇目,二可以作为有稿说话训练篇目。作为有稿说话训练,稿子仅仅是依凭蓝本,说话者可看着稿子复述,复述不是朗读,重在训练流畅度,不必原文重复。多次反复练习,熟记主要内容,达到在脱稿情况下能大致复述原文。整个复述过程中,必须注意是"说"而不是"读",必须有"告知""诉说"的语气,允许有口语中常见的自然停顿、延长,不允许随意重复、增加口头禅和长时间停顿,尽量控制方言语音和词汇对说话训练的影响。

贵阳城门的来历

杨占鳌

贵州省贵阳市历史上第一次城市发展,跟一个朝代的衰亡和另一个朝代的兴起紧密相关。贵阳在元朝叫顺元土城。当时贵州没有设置行省,也就没有列入中央行政区划统辖,只实行土司制度,委任当地土司管理。它是个"土城",可见它与同时代发达城市相比,"城池"都不完备。贵州西部的云南与中央政权的联系要紧密得多,因为它既是行省,又是元朝孛儿只斤皇族的封地。明朝在1368年建立,贵阳市逐渐拉开巨变的幕布。

云南孛儿只斤皇族是成吉思汗的直系血脉。成吉思汗叫铁木真,姓孛儿只斤。他的王位先传给三儿子窝阔台,然后转向四儿子拖雷的长子蒙哥,蒙哥在1252年委任四弟忽必烈灭掉大理国。蒙哥病死后,拖雷的四儿子忽必烈继承王位,史称元世祖。元世祖忽必烈封他的五儿子忽哥赤为云南王。

历代云南王包括忽哥赤的儿子也先帖木儿、忽哥赤三儿子梁王阿鲁、阿鲁之子梁王孛罗；忽必烈次子真金的长子梁王甘麻剌、甘麻剌的长子梁王松山、松山之子王禅、王禅之子帖木儿不花。在朱元璋改朝换代的关头，孛儿只斤宗族最后一代云南王继承人是被封为梁王的把匝剌瓦尔密。

对这位云南王，朱元璋多次派使臣前去招安劝降，把匝剌瓦尔密不从，负隅顽抗，斩杀了明朝来使王祎、吴云。朱元璋被激怒，为了消除前朝留下的隐患，决定举兵消灭梁王。1381年，朱元璋命傅友德为征南将军，蓝玉、沐英为左右副将军，率步骑兵三十万分两路从南京杀奔云南。偏师一路由胡海洋率五万人马，从四川叙永南下攻占了贵州威宁。主力一路几十万人由傅友德率领，从湖南辰州、沅州进入贵州施秉，占据贵阳。把匝剌瓦尔密出兵要挟贵州普定土司安锁反叛，联合对抗明军。顾成攻克普定，捉住安锁，1382年明军留费聚镇守贵阳和黔东，顾成、吴复继续打通关岭，并镇守安顺。傅友德的主力直插"云南东门"曲靖，把匝剌瓦尔密派达里麻率精兵十万陈兵曲靖。白石江一战，元军防线崩溃，达里麻被俘，明军终于闯进云南昆明，把匝剌瓦尔密疯狂地将妻妾驱赶到滇池溺死，自己逃到普宁州忽纳砦自缢而亡。

跟把匝剌瓦尔密联姻的大理段氏也拒不投降。1363年四川红巾军将领明玉珍攻打梁王领地云南中庆路，梁王逃到楚雄，元朝大理总管段功出兵击退明玉珍，收复中庆路，夺回昆明。梁王答谢段功护驾，任命他为云南省平章政事，并把女儿阿盖公主嫁给他。遗憾的是，梁王后来毒杀段功，阿盖公主殉情，后人在西塔寺旁建"阿姑祠"。郭沫若的戏剧《孔雀胆》就是取材这段历史。朱元璋当时处于战事主动一方，趁势扫平大理、鹤庆、丽江等地，半年时间平复云南。

为了稳定西南，朱元璋下令将三十万南征军队绝大部分留守云贵高原，在两省设置行政机构，命令大将沐英率领数万军队留守云南。贵州作为"太祖平滇"的军用通道和军事据点，沿着傅友德从湖南到贵州再接云南的行军主干线，设置密密麻麻的卫所。1413年设置贵州布政使司，被明朝列为全国十三布政使司之一，首次被中央政权正式经营，迎来真正意义的开发期。

贵阳城的发展，就是从卫所开始的。明朝建立三年，1371年贵阳设置"贵州卫"，1373年设置"贵州卫指挥使司"。1382年贵阳设置省级军事机构"贵州都指挥使司"，还设置了都司卫所，费聚担任都指挥使，今天贵阳市还有一条"都司路"。因为贵阳处于通往川、滇、桂、湘、鄂的十字路口，所以被定为贵州的中心区。

元代顺元土城的北门,叫作黑羊箐,城门外有块巨大的黑石头,那里也就叫"黑石头",西侧修了土地庙。明代郭子章的《黔记》最早描绘了贵阳地图。贵阳的地名保留着老东门、大南门、大西门,虽然没有北门,但三个大门基本上画出了一个方方正正的老城轮廓。

贵阳城第一次建城是1382年,在元朝卵型顺元土城的基础上修筑了石城,用石料代替夯土建起九里七分的内城和贯穿南北门的街道"大街",大十字南段就叫"南街",大十字北段就叫"北街",这就是中华路的前身。建起五个城门:东武胜门、南朝京门、西圣泉门、北柔远门、次南德化门。

第二次建城是二百四十四年后,1626年云贵总督张鹤鸣、贵州巡抚王瑊,在北门外扩建外城600多丈(1丈≈3.33米),从东向西增加了小东门、洪边门、六广门、威清门。从北门连接六广门的街道也分上下两段,上段多是湖广、南京销售粮油的屯军,叫"南京街";下段多是广东商贩经营绫罗绸缎,叫"广东街"。东西南北方向配有文昌路文昌阁、新华路玉皇阁、普陀路建国巷灵官阁、省府路皇经阁。现在只保留下老东门的文昌阁,皇经阁逐渐改造为省府路小学。

明代贵阳城曾按照中国古城的建城传统兴建,北门有用来报时、启闭、宵禁的钟鼓楼。1927年北门因年久失修垮塌,后来建有铜像而称为"铜像台",1952年北门改建为喷水池。1955年延安路竣工,与中华路十字相交,市兴商聚、人来车往都在贵阳城这两条最早的主干道上,喷水池位于大道交汇处。这两条道路抓住了前所未有的先机,比任何街道发展都早,逐渐成为贵阳最繁华的商贸中心。

就在喷水池国贸大厦门前的电梯出口,地上有一块又小又矮的石牌,很多小孩儿围着它追逐,偶尔当作小凳子靠靠喘口气儿,上面刻了很多静静的小字儿,它们讲述着贵阳古北门的历史……

同济堂和德昌祥

杨占鳌

贵阳有两家老药号,在缺医少药、没有现代医学的年代,它们凭借上乘的药品、精湛的坐堂医术和救死扶伤、乐善好施的医德,赢得了老百姓的口碑,走过百年。

第一家是"同济堂",1888年在贵阳大十字附近的正新街成立。老板有两位,唐炯和于德楷。唐炯是贵州遵义人,曾任云南巡抚,督办矿务,治理盐业。于德楷是贵州贵阳人,少年时随母亲投靠在四川当知县的舅父颜国佐,得以结识、师从唐炯,担任了唐炯十年的事务助理,积累了工商实业管理经验,开阔了眼界。

回到贵阳后,师徒二人合资开设"同济堂",药店占地642平方米。他们坚守"购药须出地道,制作必须精细,配售必依法度"的信条,专门从汉口聘请精通医药、谙熟商务的黄紫卿为经理,一边开发贵州草药资源、精心打理生意,一边坚持慈善公益。同济堂免费为百姓提供咨询服务,每到流行病多发季节,就向缺医少药居民提供药品,实施医疗救助。直到1947年,长达半个多世纪。

于德楷与罗文彬修缮破损的阳明祠,创办桑蚕业,兴建粮仓。大灾年月,他在自己住宅后门开两扇窗,施粥救人。他深受同乡李端棻及其堂妹夫梁启超维新思想的影响,创办桑蚕、医药实业,出资购入大量翻译书籍并修建资善堂,与李端棻、乐嘉藻、李裕增创建学校"贵阳公立师范学堂",聘请毕节才子周素园担任主编,并出资创办贵州第一份报纸《黔报》,毕生致力于振兴地方教育经济和民生公益。第一批创业者为同济堂树起了一块响亮的品牌,如今的同济堂药业总资已达10亿元。

第二家是"德昌祥"。它两易其名,1900年成立时为"德昌祥药号"。1938年德昌祥建起了与药号配套的制药车间"德昌祥制药厂",1967年更名为"贵阳中药厂"。2000年改制后恢复德昌祥名号,叫作"贵阳德昌祥药业有限公司"。

1897年,德昌祥创立3周年时,王聘贤在贵州兴义出生。他从小随曾祖父移居贵阳,1912年就读于贵阳南明中学。1917年与贵州人田君亮、刘方岳、徐绍虞等赴日本留学,在东京明治大学获政治经济学学士学位。1919年,因患胃病,辗转10多所日本专科医院医治无效,托回国友人从上海配制一单中药,寄到日本服用才治愈。他随后就萌生转学中医的想法,跟从日本汉医学家木村氏学习日本人所称的"汉医",在九州医科大学潜心钻研西医理论。

1923年,他回到国内。跟当时为县令杨谨提供"念慈庵川贝枇杷膏"秘方的江苏名医叶天士拜访17位名医一样,他可谓"东奔西走、北上南下",东至江浙,南至广东,西至四川,西北至山陕,北至河北,东北至辽宁,跋涉广西、湖南、湖北、四川、贵州山川林野鉴识药物,登门拜访当时国内各地名医。拜何廉臣、张山雷、张锡纯等为师,求教于著有《伤寒论评释》的沈阳西学名医阎德润和广东西学名医师张公让。

1930年,王聘贤考取中医执照,回筑开业。同时,北京女子师范大学校长毛邦伟胞弟毛邦儒的女婿、北京大学毕业后任报刊总编辑的遵义人庹能纬,从政府辞职后,在大十字黑羊井开设"生生药房",恳请王聘贤当顾问并坐堂看病。王聘贤结合中西医知识诊治疾病,读了上百本《伤寒论》评注写出《伤寒论考评》,很快声名鹊起,赢得一个神奇的称号"黔之医怪",与遵义人陈真一、金沙人石玉书及程云深并称"贵阳四大名医"。

贵州省中医研究所创建时,王聘贤将一生所收藏的历代医学文献数千部,以及全部二十四史和大量考据、参考书籍,无偿地捐献给国家。其中包括他花重金从外人手中赎回的大彩绘、巨册装、毛笔手书的明代皇宫的中医御书《补遗雷公炮制便览》。

现存中国中医科学院的《补遗雷公炮制便览》为存世孤本,是中国国内现存古代彩绘本草中内容最丰富、最完整的一部国宝级经典。中国中医科学院医史文献研究所考证发现,该书原有14卷、总目1卷,其绘成年代比享誉世界的明代李时珍的《本草纲目》1593年金陵初刊本早两年,书卷首钤"王聘贤"收藏私印。2005年,由中国中医科学院中医药信息研究所整理、上海辞书出版社精心影印重新使它问世,并赠送一套彩色图谱影印本给贵阳中医学院图书馆古籍室珍藏。正是这位悬壶济世、深明大义、胸怀博大的医生,把德昌祥推向世界,让中医造福百姓。

贵州龙

吴奕瑶

贵州省兴义市顶效镇绿荫村浪雾山,有一个吸引着世界很多古生物学家眼球的宝贝,它就是小巧玲珑的贵州龙。人们以它的发现地称呼它为"贵州龙"。它还有一个名字,是为了纪念发现它的中国地质博物馆学者胡承志。他1957年7月到兴义做野外考察,把这种"四脚蛇石板"带回北京,经过古脊椎动物专家杨钟健鉴定,确认它为生活在2.4亿年前的水生爬行动物,在中国甚至亚洲都属首次发现。根据国际定名法,特以发现者姓氏和发现地命名为"胡氏贵州龙"。50多年后,王尚彦在浪雾山10多千米的地方再次发现了它们。贵州龙化石225件,鱼虾化石26件,菊石8件,科学家将这个庞大的化石群命名为"贵州龙化石群"。

要研究这群古生物,需要从地质时期从古到今的"宙、代、纪、世"划分说起。宙分太古宙、元古宙、显生宙。显生宙分成古生代、中生代、新生代。古生代分为寒武纪、奥陶纪、志留纪、泥盆纪、石炭纪、二叠纪。中生代分成三叠纪、侏罗纪、白垩纪。新生代分为第三纪、第四纪。第三纪分为古新世、始新世、渐新世、中新世。第四纪分成更新世、全新世。

晚三叠纪是形成大规模海退的时期,陆面增加海面减少。地壳运动,板块交界地带碰撞挤压,湘、黔、桂三省交界形成东北—西南向的"南盘江断裂",考察顶效5千米外的地形,在兴义到贵阳方向形成一个狭长的海槽,兴义是一片浅海湾。因而贵州龙化石群的分布,不是圆心辐射式,而是集中在一个这个狭长带。黔、滇、桂三省区约一半是石灰岩,近40万平方千米。石灰岩沉积厚度达三五千米,约占当地沉积地层总厚度的70%。石灰岩是在浅海形成的,兴义还发现了水波波痕化石,关岭发现了海百合和鱼龙化石,证明在两亿多年前中生代三叠纪,这一带曾经是浅海,被地壳构造运动抬升为海拔一两千米的大高原。

生活在这片海域里的贵州龙及生物群被阻断隔离,原来的生存环境被破坏,困在浅水滩中,失去了食物来源和水域空间。从化石形成的必要条件推断,它们数量庞大,死亡后被沉积作用迅速掩埋,避免了毁灭,坚硬的骨骼牙角得以石化,天长日久,渐渐和山上的石头粘贴在一起,形成了化石。

贵州龙最大的1.55米。一般的身长15到30厘米。小小的脑袋呈倒三角状;头骨上的颞颥孔小;眼眶处最宽;眼睛又圆又大;吻部尖小;牙齿为同一式,尖而圆,牙齿排列不紧;细长的脖子;身体又宽又扁;四肢没有退化成鳍脚,5个脚趾,保留趾爪,宽大的4个脚掌都有蹼,能在陆地匍匐前行;细长的尾巴。颈椎20节,背椎20节,尾椎37节以上,前段尾椎有横向的横突。肱骨与股骨长度约相等。最小的幼崽只有23毫米,还有一个幼崽稍大一丁点儿,也只有25毫米。

有些贵州龙有特殊发展的宽广的尺骨,增加了前肢的表面积,使它们移动时效率更高,显示它们有部分时间处在陆地或湿地上,大部分时间生活在海滨,可能过两栖生活。贵州龙缺乏胸骨,前肢略呈鳍状,显示在水中活动时,前肢发挥较大的作用。后肢较不发达,可能具有控制方向与停止的功能,类似海狮。贵州龙的肩带粗壮,显示有强壮肌肉附着,类似采取水中飞行方式的蛇颈龙类。前段尾椎的侧向横突,显示尾巴可以附着大量的肌肉,动作可以左右摆动。

贵州龙与其他肿肋龙科的不同处有:更粗的肱骨、宽广的尺骨、略呈多指型的前肢。肩带由锁骨、间锁骨、肩胛骨、乌喙骨构成。贵州龙的身体各部分成长速度不同,呈现异速生长的现象。贵州龙与趾龙的下颞孔长而狭窄,延伸至头骨的后段,其他肿肋龙科没有这种特征。

贵州龙有长颈部、强壮四肢与尾巴,使它们成为高机动性的水中掠食动物。利齿显示它们主要以海里的小型水生动物及鱼为食物。

2.4亿年前三叠纪,地球上出现一场大规模生物迁徙,也有部分大陆生物转向海洋。爬行动物曾有过返回水域的进化行为。最初的地球是海洋世界,海洋是生命发源地,生物生殖都在水下完成。由于海洋缩减,裸露的海床成了陆地,部分海洋生物被迫转向陆地生存。演化过程中,这些动物进化了适应干旱陆地生活环境的羊膜卵,像恐龙一样,将卵产在了陆地上,属于卵生动物。到了三叠纪晚期,各个板块运动强烈,火山爆发、洪水泛滥,陆地环境持续恶化,一些陆生爬行动物选择重返海洋。贵州龙也就是如此回到了今天云南、贵州、广西交接的狭长海槽中,所以生殖也采用卵胎生方式,先怀上卵,卵在母体腹内就孵化为幼崽,出生时就是幼崽个体,而不是卵。这在兴义找到的母体腹内充满众多小幼崽的化石中得到印证。

三叠纪的海洋,各种海洋生物为了生存而竞赛,有的以数倍的速度演化成重量级选手,有的牙齿进化成具有撕裂功能的利刃,而贵州龙的进化较为缓慢,最终沦落为大型生物的食物,在各种天敌的绞杀中走向了灭绝。贵州龙化石对佐证远古地质运动的发生,恢复中国乃至世界的古地理环境都意义重大。这个物种的历史,破译了三叠纪生物海陆变迁的生物密码。

贵阳明清四大鸿儒

孙罗林

贵州,被崇山峻岭封锁。然而贵州人对于思想文化一直孜孜以求,尤其在明清时期,贵州的政治、经济、文化中心贵阳城走出了四位具有代表性的历史文化人物,他们经历大致相同:都出身于书香门第,饱读诗书,通过考试进京为官,是全国有名的大学者。

最早的是明朝崇祯时期的杨文骢,他以山水画闻名,主张写生,代表画作有:《水村图》《仿董巨山水》《仿倪瓒山水图》《古木竹石图》《仙人村坞图》《幽兰竹石图》《秋林远轴图》。此外,他还著有诗集《洵美堂诗集》,与董其昌、陈继儒、王思任、曹学佺、李明睿、谭元春、季孟莲并称为明朝"崇祯八大家"。与董其昌、程嘉燧、张学曾、卞文瑜、李流芳、王时敏、邵弥、王鉴并称为"画中九友"。董其昌评他的画:"龙友生于贵族,独破天荒,所作《台荡》等图,有宋人之骨力而去其结,有远人之风雅而去其佻。余讶以为出入巨然、惠崇之间,观止矣。"邢昉说:"杨子产夜郎,山水天下绝,祥祠以南峰插天,一一写出森巉辟。画家惟取胎骨奇,细论流派良足嗤。"他自号"山子",可见故乡对他的影响非常深远。

清初康熙年间的周渔璜,出生在贵阳青岩古镇,后来到了京城做官。他的诗歌以新奇见长,幼年写的《灯花诗》就崭露头角,一首《万佛寺大钟歌》令他名震京华,著有《桐埜诗集》,人们称他"黔中诗帅"。贵州巡抚卫既齐主持修纂《贵州通志》,周渔璜27岁就担任全书37卷的分纂工作。后来,他奉诏在张玉书、陈廷敬主持的《康熙字典》编纂中,担当重任,27位编纂者他位列第三。他参加编纂地理学图籍《皇舆表》,还担任类书《渊鉴内涵》的校录官。

晚清时期的李端棻,是大名鼎鼎的政治家、教育家。他早年丧父,由在京城做官的叔父李朝仪培养成才。他曾在云南做官,致力于云南的教育,出任广东乡试主考时,发现了不满20岁的青年才俊梁启超,并将叔父的女儿、自己的堂妹李蕙仙许配给他,一直支持梁启超的维新变法。他向清廷上《请推广学校折》,主张全国办学推广现代教育。1898年,他一手扶持的京师大学堂建立,这就是后来的北京大学。戊戌变法失败后,李端棻被流放新疆,直到1901年68岁时回到贵阳。他并不懈怠,继续在家乡创办学校,振兴教育。他接受贵州巡抚聘用,主持贵州经世学堂讲席,联合故乡人士改贵阳中学堂为省公立中学堂,即后来的贵阳市第一中学,同时牵头创立贵州师范学校。现今,他创办的学校,高楼林立、人才济济,而在贵阳市郊永乐乡清风拂过的田野中,伴随着稻香和野花,只有一块不起眼的石碑,上面刻着"李端棻墓"。

清末民初的姚华,曾有海外留学经历,东渡日本就读于法政大学;曾当过老师,受聘于兴义笔山书院讲授《佩文韵注》,后来担任北京女子师范大学校长。姚华词、曲、章、画无所不能。他在音韵学、戏曲理论方面造诣高深,作词291首,作曲86首,词曲代表作有《绮曲》《弗堂词》《庚午春词》,他写了很多戏曲理论著作,梨园名流梅兰芳、程砚秋、王瑶卿等经常是他的座上宾。书画上,他善画花卉山水和题跋,特别擅长画牡丹,因为牡丹佳作"姚黄"被戏称为"黄牡丹"。1924年,他在北京樱桃斜街贵州会馆举办的画会,数百人聚集,访问中国的印度文豪泰戈尔也欣然参加,并发表演讲。他精通文字学,与当时墨盒刻铜首创者陈寅生、被称为"刻铜圣手"皇家印玺制作师张樾丞并称为"近代刻铜三大家"。由此可知他作为一代墨盒刻铜大家的风范。

奢香夫人

陈际宇

"不等三更过天晓白,奢香夫人赶月归来,她把日光画心上,照得漆黑的夜亮堂堂。"这是贵州著名音乐人张超为一位古代贵州彝族女王奢香夫人写的歌曲。

奢香是元朝末年四川永宁宣抚司、彝族恒部扯勒君亨奢氏的女儿。17岁时,这位彝族公主嫁给年长她20多岁的元朝世袭顺元路安抚使、八番顺元沿边宣慰使、水西彝族默部领水西四十八目的第六十六代土司陇赞·霭翠,被尊称为"奢香夫人"。

明朝以前,贵州没有设省,元朝采取土司制度,贵州成为西南土司最为密集的地区,土司林立,达300多个。思周田氏、播州杨氏、水西安氏、水东宋氏成为贵州四大土司,势力最大的就是水西安氏。霭翠的先祖在宋朝末年以鸭池河为界,分贵州为水东、水西两部分,霭翠家族世代定居贵州大方一带,称为水西家。霭翠汉名叫宋阳彩,他的曾祖父是草塘安抚司副使宋万蟠,父亲宋明芳,外祖父是水西安氏土司。1326年霭翠世袭元朝水西昭勇大将军、罗甸侯之职。1327年因军功受赏。他的长子宋文芳过继给安氏舅兄为子后承袭安氏之位。霭翠代子掌权。史书记载,连朱元璋都担心霭翠,"至如霭翠辈不尽服之,虽有云南,亦难守也""霭翠之地,必以十万众乃可定也",以至于后来朱元璋建立卫所都要将霭翠之地包围起来。1371年与宣慰副使宋钦、普定路女总管适尔一起归顺明朝。朱元璋特批他们官位世袭,并赐安姓。1372年授予霭翠广威将军,任贵州宣慰使,治所在贵阳,赐红印和手本。1373年令霭翠位居各宣慰使之上。1375年娶奢香夫人。

土司通常由当地土著民族上层人物担任,犯罪不废,死后由子、侄、兄、弟继任,也可妻承夫职。1381年,霭翠病逝,23岁的奢香夫人辅佐幼子执政。正值明军派胡海洋从四川发兵,傅友德、沐英经贵州入云南讨伐元朝梁王把匝剌瓦尔密,奢香夫人审时度势,劝说当地土司,供粮开道,明军顺利进入云南,从而加速了明朝统一中国的步伐。贵州都督马烨抱有民族偏见,称奢香为"鬼方蛮女",灾年以不交赋税为借口,对她施以鞭刑,奢香夫人属下四十八部头人被激怒,奢香顾全大局,制止了彝族同胞的反叛,避免了一场恶战。她经过宋钦的夫人刘淑贞引荐,到京城朱元璋面前状告马烨,并保证用开道修路作为报答,朱元璋封她为"顺德夫人"。在她38岁病逝时,朱元璋亲自吊唁。

奢香夫人回到贵州,带领族人修筑了两条打通黔、川、滇、湘的通道。一条是从瓮安到湄潭的北路。一条是从贵阳到云南的西路。在贵州境内设置著名的龙场九驿:龙场、陆广、谷里、水西、奢香、金鸡、阁鸦、归化、毕节。奢香夫人代为执政期间,开明通达,促进了各民族交往,推动了西南地区社会经济文化的发展。她广纳贤士、招募能工巧匠,传授耕织技术;她打破禁忌,改革彝族文字;她倡导文明,兴办宣慰司学,并带头送独子阿期陇弟到京师入太学,学习和引进汉族文化,加强和促进了彝汉文化的交流,阿期陇弟学成归来,被朱元璋赐予三品朝服,还被赐安姓。在奢香夫人的协调和治理下,水西地区民族和睦、经济发展、文明昌盛、社会安定。

今天,当我站在"明顺德夫人摄贵州宣慰使奢香墓"彝汉双语石碑前,站在奢香夫人的雕像前,凝望着这位领别银排花、身披察尔瓦迎风招展、迈步向前的彝族女首领,想着母亲是她的第二十四代直系嫡孙,想着母亲穿着衣柜里珍藏的跟她一模一样的彝装照的相片时,血液都在沸腾。这片她和母亲都生活过的叫作"毕节"的土地,来自她开凿的毕节驿站,来自她们的彝语。这片土地,年年为她献上绵延百里、灿烂如火球的杜鹃。在这片土地上,与她流淌着同样血液的彝人奥杰阿格用最优美的《水西谣》盛赞她开辟的天地:"高高的乌蒙山,美丽的水西女,爱唱着水西谣,等待着回家的人,古老的慕俄格,出征的男人们,爱唱着水西谣,想起了梦中的她……"

晴隆二十四道拐

杨跃武

每一个看到"二十四道拐"的人都是一个反应,雷击一般顿时语塞,它比"山路十八弯"还多出六个弯,令人头晕目眩。它闻名于世,不仅因为它惊心动魄的险峻,还因为这二十四个弯道,记录了中国人民英勇抗击日本侵略者的艰难与曲折。

日本在中国东侧,入侵中国的攻势就从东部开始。中国东部濒临大海,大陆轮廓从北向南走,看起来像个右括号。1931年"九一八事变",日本控制了东北。1937年卢沟桥事变,中日第一场大型会战淞沪会战后,日本控制了东部。而东南部,封锁的时间更早,1874年日本就侵占了台湾,控制了东南部。最南端是华南,1938年华南战争爆发,日本占领广州,1940年攻占广西南部龙州,1941年占领香港,日本控制了华南。中国领土上的日占区自东向西逐步扩大,抗战区也在向西收缩中拼死抵抗。

本来就落后的中国,经过战争已经耗尽了气力,急需大量抗战物资。当时,世界反法西斯同盟已经建立,可所有外援全部无法从沿海进入中国,只剩下一条路可走,就是中国西南的云南边境。日本1941年至1942年攻占了越南、泰国、柬埔寨、缅甸,在华南外围还兜了一个沿中南半岛的口袋防线。日本又在中南半岛外围兜了第二个口袋防线,攻占了菲律宾、马来西亚、新加坡、印度尼西亚,连成一线,全面封死中南半岛。日本攻占越南和我国广东、广西,目的就是切断滇越铁路。接着,日本加紧进攻缅甸,企图切断这条唯一通往中国的运输生命线。

中国的资源匮乏到连保证运输的汽车和汽油都没有,民众受教育程度低,连招募能驾驶、懂维修的司机都难以实现。境外的外援物资堆积在仰光(原缅甸首都),急需运到抗日前线。南洋华侨陈嘉庚目睹日本兵在新加坡屠杀百姓和华侨,挺身发动南洋民众募捐集资支援中国抗战,组织起一支不同国籍的司机队伍,这些"南侨机工"瞒着家人易名改姓来到中国,身后是开拔到缅甸的中国远征军与日本兵对抗的炮火,头顶上是陈纳德飞虎队与日本轰炸机空战的弹雨,身边是日本兵的围追阻截,脚下是流沙泥泞颠簸的山路,不少司机就死在了滇缅公路上。他们由仰光往北,跨过怒江进入云南,从云南往腹地走,必须经过滇黔咽喉——贵州省黔西南州晴隆县的二十四道拐。

明代诗歌"列哉风高仰万山,云空叶积马蹄艰,一为行省衣冠地,便是雄图锁钥关",它被称为鸦关。1927年,贵州省主席周西成和贵州公路局局长晴隆人马怀冲命令贾善祥开始勘探。1935年,工程师周岳生勘测设计,西南公路局局长曾养甫督工动工。二战时期,它成为中缅印战区交通大动脉。滇缅公路一度因战火蔓延到云南边境而被中断,美国史迪威将军受命维持滇缅公路运输线。1942年,美国公路工程部队1880工兵营进驻晴隆维修滇黔公路,晴隆人民以巨大的爱国热情参加到保家爱国的工程建设中,在中美盟军反攻缅甸日军之时,在苏联军人置之死地而后生抗击德国法西斯之时,在英美盟军浴血诺曼底海滩打开第二战场之时,在中国大陆无数好男儿冲向日本兵肉搏之时,晴隆人民也与美国工兵一起夜以继日誓死保卫它,直到日本无条件投降。

黄铁魂是当年开车走过滇缅公路著名路段二十四拐的一等驾驶兵,如今生活在马来西亚怡保。这位"南侨机工"接受采访时已经97岁,老人说话的逻辑已经有点松散了,但是回忆运输路线时,他却清清楚楚地记得那段令他们瞠目结舌的二十四道拐,他说:"最艰难的是从昆明去重庆,经过贵阳那里的二十四弯,那地方有名,过去就是掉狮崖,当地人叫它,狮子的狮,掉狮崖,初一上车,睡到十五,才刚开过去,就是二十四弯。"老人跟很多人一样,认为二十四道拐在贵阳或云南某地。云南的滇西抗战史学者戈叔亚看到它在很多照片和资料上出现,不过没标地名,开始踏破铁鞋,根据沿途遗迹进行考证,最终通过长途汽车司机找到了它。

二十四道拐作为"史迪威公路"最刻骨铭心的一段险关,它和中国人民一起迎来抗战的最后胜利,这是贵州人民献给祖国最好的礼物。

安顺屯堡的来历

周嘉怡

石头墙,石板瓦,碉楼耸立,带枪眼儿的寨墙,历经六百年的风雨飘摇,最终铸就了具有"明代历史活化石"之称的安顺屯堡文化。

历史翻到元末明初朱元璋挥师南下的"太祖平滇"那一页。云南盘踞着顽固的元朝宗族势力,明朝觉得必须剿灭这股危险势力,制定了兵分两路夹击云南的战略,一路走四川,一路走贵州。贵州一路,明朝采取"先安贵州,后取云南"的策略,在贵州和湖南设置"两卫一所",湖南靖县的靖州卫、贵州贵阳的贵州卫、贵州天柱的天柱千户所。四川一路,明朝在四川叙永设置永宁卫。朱元璋几次劝降不成之后,决定以30万大军从南京举兵伐滇,消除隐患,统一全国。

贵州路线的主帅傅友德,沿着过去制定的路线,边攻边建军事堡垒巩固战果。他率领明军从湖广进入贵州施秉,然后占据贵阳,设置贵州都指挥使司,费聚担任贵州都指挥使。顾成攻克普定,设置普定卫,又开通连接云南的关索岭古道。吴复奉旨给普定卫城修建城池。顾成、吴复留守贵州要道,傅友德率军攻入云南曲靖,打败集结在此的元军,占领昆明,攻克云南。

朱元璋下令将30万南征军队绝大部分留守云贵高原。

明朝设置云南都指挥使司、云南布政使司,命令大将沐英率领数万军队留守云南,分派官员开道路、设驿站,接通云贵川三地交通。

明朝将贵州300土司归并为四大土司,设置贵州布政使司,贵州列为全国 13 布政使司之一。广置卫所钳制土司、扼控云南。在贵阳设置都司,建立省级军事机构。在安顺设置普定卫、盘县设置普安卫、晴隆设置尾洒卫、威宁设置乌撒卫,黄平旧州设置黄平卫,福泉设置平越卫。26 年中,贵州建起 24 个卫、132 个千户所、2 个直隶千户所,卫所之多之密集,为西南各省之冠。

贵州卫所的特点有三个:第一是中心区多设卫,安顺最为典型,设置了三卫;第二是用卫所分隔土司;第三是卫所全部沿着交通要道,线性设立,尤其是湖广到贵州再接云南一线,几乎是傅友德大军伐滇的行军路线,安插了 17 个卫。中心区贵阳,设置贵州卫和贵州前卫,保卫都司、控制驿道。贵阳以西设威清、平坝、普定、安庄、安南、普安合称"上六卫",保护滇黔驿道;贵阳以西设龙里、新添、平越、清平、兴隆、都匀合称"下六卫",保护黔桂驿道、湘黔驿道。设置平溪、清浪、镇远、偏桥、铜鼓、五开合称"边六卫",保护湘黔驿道和入黔道路。设置乌撒、毕节、赤水、永宁合称"西四卫",保护川滇黔驿道。根据《明史》和《贵州通志》的记录推算,明初贵阳的驻军达到 20 万,加上官兵家属子弟大约七八十万。

这几十万明朝移民就这样在贵州各个军屯繁衍生息。主体人群是明朝南京人,包括江苏、安徽、浙江、上海,府志上常称"江南人"。屯的功能是驻扎屯种,堡的功能是堡垒戍守。屯在中心,堡在外围。有的卫所,屯多堡少。有的卫所,堡多屯少。经过几百年的大浪淘沙,贵州乃至全国所有卫所都荡然无存,只有"黔中屯堡文化"保留下来,并且文化特征最突出,它的范围包括明朝的普定、平坝、安庄 3 个军卫,在今天安顺、平坝、镇宁三地。

明朝遗风的屯堡文化得以保存有几个原因:这里自然条件适合耕种,但是地势却阻止了人口流动和分布,不易受到周边省区影响;安顺处于黔中腹地中的腹地,卫所派重兵把守,形成雄厚的集团力量,受干扰较小;屯堡内汉人多、夷人少,外围土司林立,双方互不招惹;土司首领归附,接受明朝封赏,屯堡人被夷化的可能极小;堡对屯的守卫,使得聚集区比较安全;先进的外乡人群自我独立,屯堡建筑由明初栅栏式变成封闭燕窝式,再变成清代封闭城堡式,最后到民国封闭城堡与碉堡结合式,基本能说明它在保守中缓慢变化,在缓慢的变化中更趋于保守。

尽管屯堡官兵因为缺粮少地、缺钱少饷有流失现象,也在贵州少数民族反明叛乱中受到打击,到明朝中后期越来越被边缘化,还要继续接受现当代市场商品经济的冲击,但是割不断的历史文化让一部分人恪守着祖籍的文化习俗,他们还住在石板村寨,穿蓝衣黑裙白头巾的凤阳服装,表演地戏,操着极富特色的屯堡话。没有平滇之战,就不会有屯堡文化。作为一种特殊文化现象,它需要保护,更需要发展。

猫猫洞

郭颖彦

中国的山川名称很有意思,安徽黄山的鳌鱼峰、河北保定的狼牙山、广西桂林的象鼻山、云南丽江的虎跳峡、贵州贞丰的双乳峰、贵州铜仁梵净山顶的蘑菇石、贵州兴义的猫猫山和猫猫洞,都非常形象。猫猫山上的猫猫洞是一个著名的古人类文化遗址。

兴义市顶效镇西南1千米处,顶效河的左岸有一座山,山东侧顶部有一个洞穴,远远望去,仿佛一只矫健的山猫趴在山顶,瞪着一双铜铃般的大眼睛,咄咄逼人。猫猫山和猫猫洞因此而得名。

让人们交口称赞的不是猫猫山,而是猫猫洞,它是旧石器晚期古人类遗址。洞高3米,宽超过4米,洞口面向东北,冬暖夏凉;洞口离顶效河水面45米,便于古人取水而又不受河流涨水的影响;洞前接一片丘陵,洞后是茂密的树林,是穴居的绝佳之地。1974年,贵州博物馆考古人员发现它。第二年,开始正式发掘,从2.5米的完整堆积层中出土了4000多件器物和丰富的用火遗迹,在华南地区首屈一指。

最珍贵的是7件古人类化石,这让人们得知这些古人大致接近于晚期智人。骨器有6件,有骨刀、骨锥。角器有8件,45度刃面的鹿角角器在中国还属于首次发现的类型。哺乳动物化石证明当时有中国犀、窄齿熊、牛、象、鹿、竹鼠、獾、麂子等生活在此周围,它们给生活在猫猫洞的古人提供了丰富的食物来源。石器标本最多,有1211件,从石片、石砧、石核、石锤可以看出古人加工方法主要是锐棱砸击法,其次是锤击法,并且能加工砍砸、刮削、雕刻不同功能和类型的工具。

猫猫洞古人还掌握了用火的技巧,火不仅使他们吃上容易消化的熟食、享受喷香的油脂和鲜嫩的肉质、围火夜话开展娱乐、抵御冬季的严寒,而且夜晚在洞口点燃一堆熊熊燃烧的火焰可以防御大型动物的入侵,确保生命安全。

凭着对探讨旧石器晚期人类文化的起源、发展、分布、承袭和影响有着重要的价值,猫猫洞的文化已载入人类史册,它代表盘江区域性的人类文化特征,被考古学家称为"猫猫洞文化",1980年中国科学院出版社出版的彩色《中国古人类画集》将猫猫洞遗址出土的人类化石定名为"兴义人"。

贵州境内的古人类遗址还有盘县大洞、普定穿洞、黔西观音洞、水城硝灰洞、平坝飞虎山洞、开阳打儿窝岩厦、桐梓古人类遗址等。这些贵州最早的先民,高擎着火炬勇敢地迈向文明,古老的化石留住了他们顽强的生命力,激励着后人踏着他们的脚步更好地创造生活,生生不息地走下去。

"水塘稻田"和铜车马

杨跃武

1973年,贵州博物馆研究员唐文元等人发现兴义市万屯镇新桥、张屯、贾家坝方圆2平方千米的区域内有17座东汉墓群,其中15座的封土保存完好。圆形墓高约1.5至2.5米,直径6至15米。1975年,对千年古墓的发掘工作正式开始。其中出土了两件文物,引起极大的轰动。

第一件是"水塘稻田"模型,泥质灰陶,椭圆盆型,图案简洁明快,模型内一半是鱼莲水波的水塘,一半是稻穗禾苗的稻田。二者中间筑有堰堤,通水涵洞上有一只小飞鸟。稻田分成4块,每块之间有通水口,沟渠纵横,四壁有树,间距相等。水塘稻田模型,让现代人看到了东汉时期的灌溉系统和农林渔业的水平,以及利用生态制衡打造鱼米之乡的发展高度。直到今天,贵州仍保留着水稻田里养鲤鱼,让鲤鱼滋养水稻的做法。

第二件是铜车马。一马拉一车,总长112厘米,高88厘米。车和马可以分开,很多部件都是分铸的,整套车马由300多个零部件组装而成。马分别铸成头、耳、颈、躯、尾、肢等11段,用17个销拴固定;车分成驾马、轮轴、车厢。车辕成"之"字形,搭在马肩上的车衡上。双轮都是12轮辐。车厢小巧,车篷呈拱形,轻薄如纸。最与众不同的是马的造型。秦始皇陵铜车马的4匹马姿态相同,都是并足站立,平静安详。甘肃武威的"马踏飞燕",马是撒开四蹄一路狂奔的状态。而兴义铜车马,马鼓鼻喷气,张嘴嘶鸣,耳朵、马鬃、马尾都上翘竖立,定格在它用劲起步或者奋力小跑的动感瞬间。它的体态健美,肌肉结实,却不失修身长腿的优雅、轻盈。这些特点,令它成为独具特色的国宝级珍品。

出土之时,铜车马损坏严重,发掘它的唐文元苦熬半年,一片一片将它修复,让它重新站立在贵州省博物馆。它身上承载的珍贵信息,对人们了解

2000多年前的边疆制度、金属冶炼、工艺设计有着重要的史料价值,尤其是对研究中原文化与盘江流域文化的交流和影响,以及黔西南乃至贵州和盘江流域的经济、文化、社会的发展具有重要的意义。人们被它的美折服,《贵州文史丛刊》的封面就专门挑选了这幅《兴义铜车马》,它令每一个为弘扬中华文化而呕心沥血的中华儿女感动不已。

沙滩文化

但佳艺

从黔北遵义市向东约40千米,到虾子镇后分路,就可以到达禹门山下的遵义县新舟禹门,这里因为乐安江放平放缓,堆积出一片沙洲而得名"沙滩"。沙滩所在的黔北起步较早,它在唐代叫播州。859年,南诏攻占播州;876年,山西太原人杨端领兵从长安进入四川,击败南诏,收复播州。后来,后梁取代唐朝,杨端拥播州自立,开始杨氏700多年的经营。这里滋养了一批出类拔萃的文人雅士,他们在经、农、医、天文、地理、文字、版本目录、古籍整理方面造诣高深,尤其以清代"西南三巨儒"郑珍、莫友芝、黎庶昌最负盛名。学者们盛赞"贵州文化在黔北,黔北文化在沙滩",把这个地域文化称为"沙滩文化"。

郑、莫、黎三家是同饮一江水的睦邻,也是共结连理的姻亲。从乾隆开始,100多年,3个家族诞生了几十位诗文作家,刊行著作100多种。

1338年,即清代道光十八年,遵义知府平翰特聘郑珍和莫友芝主编《遵义府志》,两人3年完成48卷,资料丰富堪与《华阳国志》《水经注》媲美,梁启超曾赞叹它为"天下府志第一"。郑珍收集乡人遗诗,汇集成24卷的《播雅》,著有《仪礼私笺》《说文逸字》《说文新附考》《巢经巢经说》《郑学录》《樗茧谱》等。

莫友芝以篆隶书法见长,独创莫体,蜚声书坛。他的版本目录著作有《宋元旧本书经眼录》《郘亭知见传本书目》《恃静斋藏纪要》,声韵训诂著作有《韵学源流》《唐写本说文木部笺异》,文学著作有546首诗的《郘亭遗诗》八卷,401首诗的《郘亭诗抄》6卷,词百余阕的《影山词》2卷,外集1卷,另有《素阴杂记》《樗茧谱注》《资治通鉴索隐》等,还汇集266位诗人2290首诗编成33卷《黔诗纪略》。

黎庶昌是外交官出身。1862年同治帝时期,他在曾国藩营中供职6年,与张裕钊、吴汝纶、薛福成并称"曾门四弟子"。1876年即光绪二年起，中国向各国派遣公使。黎庶昌先后随郭嵩焘、曾纪泽、陈兰彬等出使欧洲，历任驻英吉利、德意志、法兰西、西班牙使馆参赞。他将五年游历比利时、瑞士、葡萄牙、奥地利等10国所考察的政治、经济、军事、文化、地理和民俗风情，写成8卷《西洋杂志》。

1881至1884年，1887至1889年，他先后两度以道员身份出任中国驻日本国大臣，他将6年来90多名日本人、20多名中国使馆人员及国内人士酬唱诗数百首、文数十篇，编辑为6集的《黎星使宴集合编》。不过，他最大的贡献还是邀请金石学家、版本学家杨守敬作为使馆随行人员同往日本，他们花两年时间，收购流失在日的文物，收集整理日本保留而中国已经遗失的唐宋文献，编辑为26种共200卷的《古逸丛书》。

他的著述达20多种，有《拙尊园丛稿》《丁亥入都纪程》《海行录》《遵义沙滩黎氏家谱》《黎氏家集》《黎星使宴集合编》《曾文正公年谱》《全黔国故颂》《续古文辞类纂》《古逸丛书叙目》《宋本〈广韵〉校札》《春秋左传杜注校刊记》《青浦县志》等。

八音坐唱和查白歌节

杨占鳌

八音坐唱是布依族世代相传的说唱形式，布依话中叫作"万播笛"，即吹奏弹唱的意思。八位演奏者各持钗、竹鼓、箫筒、月琴、葫芦琴、牛角胡、小马锣、包包锣八种伴奏乐器表演，又叫"布依八音"。这八种乐器，古朴、奇特，让人过目不忘。

周秦时期的乐器都按材质分成"金、石、土、革、丝、木、匏、竹"八种，说明人们已经有了"八音"的概念。布依八音，据史料记载在唐宋时期就已经流行于南北盘江流域，主要用于祭祀、婚嫁、丧葬。宋代纯乐器演奏的成分较大。元明以后，吸取了其他戏曲的特点，逐渐变为丝竹乐器伴奏为主，加入了喜庆民俗内容。明清时期，八音坐唱盛行开来，村寨中开设传授表演技巧的教坊"八音堂"，八音乐队多达三百多个。清代，发展出职业乐师，生、旦、净、丑不化妆素面登场。兴义巴结土司王寿山，倡议多人出资做戏服、搭戏台，配合八音表演，吸收了十三个八音曲牌，逐渐发展出曲调、表演、动作、声腔、装扮，在八音坐唱的基础上衍生出一种新的戏曲形式——布依戏，在传统节日、婚丧嫁娶、建房上梁、贺寿满月、祭祀供奉的场合中表演。今天它还保存在兴义、安龙册亨、望谟一带的南盘江流域布依村寨中,被称为"声音的活化石"。

八音坐唱的代表节目有《贺喜堂》《迎客调》《布依婚俗》《胡喜与南祥》《敬酒歌》《唱王玉莲传》《梁山伯与祝英台》等四十多个。唱腔曲调为"正调",其余曲调统称"闲调"。表演时,以第一人称"跳入"唱叙故事,以第三人称"跳出"解说故事。女艺人在原调上唱,男艺人高八度唱,形成音高音色对比,增加演唱情趣。伴奏有时加入勒朗、勒尤、木叶。

八音坐唱只有固定的十多种曲谱,没有固定唱词。但是它扎根在老百姓的喜怒哀乐、温饱冷暖、生老病死的生活之中,是人们对生育、情感、生存、死亡的认识,体现人们对待生活的态度,所以它一直与布依族相伴相生。这种生命力,支撑它从乐器演奏发展到表演唱,再到小乐队的八音坐唱,最后到布依戏曲,一枝开四花,形成四种音乐形式都可追溯为同宗同源的"四乐同堂"独特景象,成为研究民间艺术发展沿革的活标本。

查白歌节,是布依族的大型盛会。每年农历六月二十一,人流自发从四面八方聚拢到兴义市顶效镇查白场,老百姓叫"赶查白"。它原本是布依族男女谈情说爱、谈婚论嫁的歌会,布依族自己叫"赶表",也叫"浪哨",即结识恋爱、相亲择偶的意思。小小一个查白场,堆集三四万人,青年男女连对三天歌,人山人海、蔚为壮观。参加者不只是当地人,还有滇黔桂外地人;不只是布依族,其他少数民族也被感染;不只是未婚者,已婚者也背着娃娃来看热闹;甚至不只是谈恋爱的人,连做生意的都来。葵花、瓜子、花生、糖豆、炒胡豆、米薄脆是提篮背篓游走着卖的;需要铺摊的自动归类铺摊,软糕、沙糕、云片糕、碗儿糕一溜,泡粑、粽粑、饵块粑一溜,籼米糖、棉花糖、麦芽糖一溜,剪粉、米凉粉、虾子凉粉、水晶凉粉、魔芋豆腐、泡萝卜一溜;男人们成群结队划甘蔗,女人们围成一堆蹲小吃摊。

人们来"赶查白"是赶来寻找"心灵上的查白"。男女对歌择偶,这类习俗不只在布依族中盛行,其他地区和民族也挺多,比如黔东南的苗族就有"游方"。这类活动不只是现代才有,从周代《诗经》甚至更早的时代就有了。查白歌节的规模,可以说跟十五国风中采自郑国的《溱洧》描写的场景不相上下。很多学者翻译过这首诗,只有余冠英的版本翻出了野合的"浪哨"味道:"溱水流,洧水流,溱水洧水清浏浏。男也游,女也游,挤挤碰碰水边走。妹说:'咱们去把热闹瞧?'哥说:'已经去一遭。''再走一遭好不好,洧水边上,地方宽敞人儿乐陶陶。'女伴男来男伴女,你有说来我有笑,送你香草名儿叫芍药。"今天查白歌节上,小伙子们唱的也是:"姑娘的寨子边,开着一蓬金银花,我想摘一朵,又怕遭你骂。唉!只好在花丛旁,望得眼不眨,心里直发慌,好像小猫抓。"对面小姑娘们唱的是:"在这世上问:哪只蜜蜂不爱鲜花?哪匹马儿不爱青草?哪只绵羊不爱盐巴?哪条鲤鱼不爱清水?哪笼捧瓜不爱瓜架?勒赛呀!哥想摘花胆要大。"古今真是异曲同工!查白歌节,让人们领略到了现场版的《诗经》古风,让人们回到了那个久远的郑国,小麦结穗的暮春三月,河南双伯河干流和支流两岸弥漫着佩兰的幽香,女子们手持象征生殖和祈福的佩兰在人头攒动的人群里找寻自己心仪的男子。

姑娘、小伙们你来我往,展开拉锯战似的互相调侃,空气中激荡起一层层热浪。他们身后跟着一群穿开裆裤的小跟班,不太懂他们在干嘛,但似乎又捕捉到了点儿什么羞答答的味道,在边上一蹦三跳、大呼小叫地瞎起哄。刚开始,人们以为小孩子不懂事,搅了哥哥、姐姐相亲,或者以为哥哥、姐姐得帮着父母照顾弟弟、妹妹,尽心尽责,连相亲都带上。等下来跟老辈人聊天,才知道那不是大的照顾小的,而是那帮"开裆裤"去实习将来怎么找媳妇。

查白场之所以有这么大的吸引力,成为三省布依族的爱情圣地,不但因为兴义位于滇、黔、桂三省交界交通便利处,以及布依族人口多,一直盛行"赶表""浪哨"影响力巨大的风俗,而且因为这个爱情的风俗背后还有一个查郎与白妹的爱情故事支撑着,它直接切中了永远时尚的爱情主题和人类生殖繁衍的根本问题。所以它才会令四方客人"不请自来",这么如火如荼,盛况空前。

苗族飞歌

杨雁

中国有五十六个民族,有的能歌,有的善舞。贵州少数民族唱得最棒的,一个是喜欢合唱的侗族,一个是喜欢独唱的苗族。

苗族的声乐曲调有酒歌、大歌、丧歌、情歌、飞歌。飞歌,最大的特色就在于"飞"和"拖"。多用假声高歌,高亢嘹亮、豪迈奔放,仿佛能从一个山头飞到另一个山头,从江岸飞到江对岸,唱得震山动谷、荡气回肠。它有《老残游记》里描述的如一线钢丝直冲云霄的拔高,也有蒙古长调般的持续绵长。它多为男女"游方"道别的隔山对唱或劳作休息时隔河对唱,所以要用歌声营造"阻隔""遥远""穿越""传递"的氛围,于是形成了它的特色。飞歌第二个特色是终止音要形成拖腔,飞歌歌词每首大约三十句,多为五字句,也穿插有三字、五字、七字、八字。在固定曲调、节拍固定的快慢长短格式上,有发挥余地。歌曲开头第一句先快后慢,拖音渐高而长;第二句先快后慢,但拖音渐低而长;从第三句或第四句起,用中速演唱,逐渐加快,到主要部分时,快速连唱。高潮唱完之后,接近尾声用渐慢渐拖音,唱到最后一、二句时,拖音渐低渐长。飞歌开头一、二句,中间高潮前几句,收尾的一、二句,一般都有拖音。

飞歌有挂丁、凯棠、湾水三种曲调。挂丁飞歌,刚健爽朗,是流行黔东南凯里、台江、雷山巴拉河流域四声微调式民歌。凯棠飞歌,明亮激扬,是流行于凯里的凯棠、地午、翁项一带的四声音阶羽调式民歌,用大致相同的一个旋律,两个声部一先一后,模仿式二部重唱、合唱,高音区放在任意延长位置。湾水飞歌,四音阶宫调式民歌,旋律可连续四度五度大跳,音型贯穿始终,曲终音低。

苗族的飞歌,特别考验歌手的机敏反应。它是即兴而作、"热炒热卖"似的现编现唱,某种程度上得有相当好的"文才""肚才"。另外,因为是一对一的独唱,要求歌手个人的嗓音条件要好,歌唱技巧要出众。所以会唱飞歌的苗族,一个个拉出来都是一副"金嗓子"。

侗族大歌

高小雯

民谚有,"侗人三大宝:鼓楼、大歌、风雨桥"。2005年侗族大歌被列入国家级第一批非物质文化遗产代表作名录;2009年入选"人类非物质文化遗产代表作名录"。侗族大歌之所以被视为一宝,是因为它在很多方面都是中外民歌中极其罕见的,强调集体的力量。

在音律结构上,它是无指挥、无伴奏的高低音多声部的民间支声复调,一般由组、首、段、句构成,若干句组成一段,若干段组成一首,每首歌开头有个独立段落叫序歌,中间部分由若干句组成,最后有一个尾声部分。

演唱方式是至少三人多则几十人的合唱,"一领众和""众低独高",主旋律在低声部,高声部是派生的,低声部是众人合唱,而高声部是一至三名歌手即兴发挥。有时低声部持续一个漫长的低音时,高声部用鲜明迥异的旋律形成变体,也可以变成主旋律。大歌编创一大特色是模拟鸟叫虫鸣、高山流水等大自然之音，这也是产生大歌的自然根源。歌班组建按照同族、同性、同辈原则，由本族优秀的歌师农闲时教授训练，男歌师带男声，女歌师带女声，直到能够独立参加鼓楼对歌。

从演唱的内容上，主要分成鼓楼、声音、叙事、童声、戏曲、社俗、混声七种，歌唱自然、劳作、爱情、友谊。从性别年龄上，可以分成男声大歌、女声大歌、童声大歌。

演唱场所与侗族的鼓楼文化分不开，鼓楼是用来聚众议事、传信报警、休闲娱乐的重要场所。侗族的各种民俗活动都以集体为主，例如集体做客、集体对歌等。每逢节日、婚恋、迎接外寨歌班，在鼓楼通宵达旦对唱几天几夜。

侗族大歌主要流行在侗族南部方言第二土语区的贵州黎平、从江、榕江和广西接壤一带。侗语属于汉藏语系壮侗语族侗水语支，以贵州锦屏的启蒙为界分为南北两个方言区。侗语的声韵母比较简单，但声调复杂，调值多达九个，字调高低是相对的，升降变化有规律，抑扬顿挫变化无固定音高和音律可循，又对旋律音调有一定的制约作用。由于以前没有文字，优秀的文化、生活习俗、社交礼仪就只能靠歌声代代相传。

侗族素有"饭养身歌养心"之说，最美的歌声是侗族审美观的一种外在表现形态，侗族是一个爱美、善于创造美、富有浪漫诗情的民族。

台江反排木鼓舞

郭颖彦

苗族是贵州省人数最多的少数民族，具有贵州最典型的文艺形式：飞歌、古瓢琴、竹竿舞、板凳舞、芦笙、铜鼓、木鼓等，其中源自贵州省台江县方召乡反排村的"反排木鼓舞"最负盛名，已被列入国家非物质文化遗产。

反排木鼓舞，非常特别。它的乐器特别，顾名思义，木鼓舞的伴奏乐器是木鼓，外形细长，鼓声铿锵有力、硬朗清脆。特别之处是只用木鼓，由鼓师用单击、合击、交错击的技法"以鼓导舞"，韵律定在二四拍，敲击出快慢不同的节奏。轻柔时，如花如月如山泉；激烈时，如暴雨如旋风如雷电。鼓师是木鼓舞里最受尊敬的核心人物。

它的基本动作特别，可以概括为踏步、甩手、腾跃。舞蹈动作有特点，扭胯、蹦弹腾空、甩同边手、360度反转，头、手、脚大幅度展开，人们赞美它"并有魄鹏展翅之势，收有雄鹰护窝之威，跃如猿猴攀越之捷，旋似鹞子翻身之疾"。

它的服装特别。台江男女衣服素雅，一袭黑，黑布衣服、黑布鞋。男性头盘大如斗笠的黑头巾，坎肩衣，直筒裤；女性头顶挽髻，只戴一款像五个箭头型的银头饰，黑绑腿，长袖衣，超短裙。值得一说的是，这超短裙短到刚好遮住臀部，几十个妇女起舞时，迅疾的转身动作将裙摆掀飞起来，仿佛空中有几十个杂技演员在转动盘子。

舞蹈队列和形式特别，它的舞者多，是几十个男女共同参加的集体舞蹈，时而排成一条直线，时而分离为平行或交叉的双线，时而围成众星拱月的单环，时而变幻出蛟龙盘旋的双环。不限定舞者人数，不要求舞者同时起步，随到随跳。跳舞的时间不限定，长到几小时短到一小时。跳舞的章节不限定。木鼓舞有五个章节。第一章节，左右各跳一步，四步转一转身，表示迁徙跋山涉水、披荆斩棘、昼夜兼程。第二章节，每跳四步，到第五步转身转，表示怀念领导迁徙的祖先。第三章节，左右各翻身跳四步，表示远方兄弟亲朋的欢聚。第四章节，每三步转一转身，表示祖先定居伐木、开山垦田、安居乐业，追忆祖先。第五章节，左右各跳三步，上前一步向后转身还原，表现祖先捉虫打猎的场景。可以只跳一个章节，也可以跳完全部章节。

这些与众不同的元素令它呈现出与其他民族舞蹈迥异的风格，火辣狂野、粗犷豪放、矫健敏捷，甚至观者都能进入震撼的亢奋的忘我境界。这个藏于深山却又带着时尚元素的舞蹈，现今已扬名海外，被誉为"东方迪斯科"。

反排木鼓舞之所以有让人着迷的魔力，是因为它起源于苗族庄严肃穆的祭祀——祭鼓节。因为鼓与古谐音，苗家认为正常终老的人，其灵魂要入鼓归宗，所以苗家视鼓为祖。木鼓成为祖先的象征，也就成为氏族的标志，木鼓舞巨大的精神力量，使它成为苗族的情感支柱和纽带，从而具有一种统召的向心力和凝聚力。所以它有特定的礼仪、时间、地点、人群和组织。反排村85岁的村民杨亮今说，苗族姓氏有父子连名习俗，计算下来，迄今已有四五十代人，也就是说木鼓舞已有一千多年的历史。

木鼓舞跟祭鼓节相伴相生。在古老组织鼓社的领导下，最高组织者是第一鼓手"祖宗鼓手"，祭司指导他宣布木鼓舞的时间和地点，一般是在下午举行，地点从祖宗鼓手家屋内开始。氏族穿上新衣，备好鸡鱼酒，鼓主和妻子围鼓而舞的仪式结束后，就将双鼓抬到鼓场，长者在内圈，盛装的年轻女子在第二圈，青壮年男子在外围持马刀起舞。台江反排村每隔七年举行一次，有些地方每隔十三年举行一次，每次连续四年，第四年时，木鼓要送入山洞。人们认为代表祖先的鼓要离开，送鼓前几天，苗族人来到鼓主家跳木鼓舞。然后将木鼓移交其他村寨的副鼓主或下届鼓主,再连续跳几天,直到将鼓送入山洞。

一旦祖鼓入洞安歇,就不能敲鼓跳舞。所以反排木鼓舞的传承方式也很特别,因为礼仪规定不能单个口授,只有在集体活动中凭着眼观、耳听、心记自学,七年学一次。这个七年观摩后,只能等待着下一个七年。只有那些天资聪颖、记忆非凡的人才能掌握。这些风俗令木鼓舞有一些神秘。不过,这层神秘的面纱遮不住苗族古老的历史文化,挡不住人们对艺术美的追求和渴望。木鼓舞已成为多彩贵州的一张精美的文化名片,贵州人应该好好地将这一"遗产"传承下去,让它闪耀在世界民族文化的舞台上。

二将八大王

陈思源

中国神话故事书,真能让人爱不释手。那些威力无边、孔武有力的大将军一类的形象,活灵活现,叫人过目不忘,被人们广为传颂。

哼哈二将,是看护佛寺山门的两个金刚大力士。他们上身赤裸,横眉瞪眼,龇牙咧嘴,鼓腮吹鼻。

哼将叫郑伦,是商纣王的大将,度厄真人传授他"窍中二气功",只要他鼻子一哼,声如洪钟,震耳欲聋,两鼻孔两道白光喷薄而出,吸附对手的魂魄,所以他是典型的常胜将军。

哈将叫陈奇,他的腹内藏有黄气,只要他哈一口气,一股黄气倒吐如注,摄人魂魄,对手顿时呆若木鸡,动弹不得,坐以待毙。他真是不费吹灰之力就能做到手到擒来,我们姑且可以说他有"吹灰之力功"。

关于哼哈二将还有一个类似"孔融让梨"的传说。说他们是一个国王最小的两个王子,一个叫青叶髻,一个叫楼至德,两人谦逊礼让,让兄长们大展宏图成仙成佛,自己却心甘情愿做他们的警卫,尽职尽责地把守山门。

四大天王把守的却是四个天门。他们拧眉张目、威严冷峻。

东天王,名叫持国,即护持国土的意思。他住须弥山黄金埵,身穿白甲胄,手持琵琶,是用音乐来劝导感化人们的乐神,守护东胜神州。

南天王,名叫增长,是使人增长智慧和善根的意思。他住须弥山琉璃埵,身穿青甲胄,手持宝剑,用威力惩恶扬善,守护南赡部洲。

西天王,名叫广目,指能用净天眼随时视察从而保护世界的意思。他住须弥山白云埵,身穿红甲胄,手缠赤蛇,守护西贺牛州。

北天王,名叫多闻,是多多赐人福德的意思。他住须弥山水晶埵,身穿绿甲胄,右手持宝幡,左手握寻宝鼠。他降妖伏魔,保护人们的资粮,所以又叫"施财天",是古印度的财神。唐明皇在击退番兵围困后,特别下令"诸道州府城西北及营寨并设其相"来供奉他。

明代许仲琳的神怪小说《封神演义》将四大天王塑造成"佳梦关魔家四兄弟"。东魔礼海背着地、水、火、风四弦碧玉琵琶,多了一根枪。南魔礼青,身长二丈四,面如活蟹,须如铜线,手持地、水、火、风符印青锋宝剑。西魔礼寿,使双鞭,带鼠囊装有"紫金花狐貂",放飞空中,肋生双翼,酷似白象,吞食世人。北魔礼红,手持混元伞,镶嵌祖母印、祖母绿、祖母碧、夜明珠、碧尘珠、碧水珠、碧火珠、消凉珠、九曲珠、定颜珠、定风珠和"装载乾坤"珍珠串字。这把美轮美奂的宝珠伞司职雨水,一旦撑开,天昏地暗、日月无光,转动时,天旋地转、乾坤晃动。

四海龙王的形象都是龙头人身,他们接受女娲娘娘的册封镇守四海。

东海广德王敖广,水青龙,控制雨水、雷鸣、洪灾、海潮等。一般东方为尊,所以他排名第一,地位最高。与他有关的最著名的故事是"哪吒闹海",哪吒打死了巡海夜叉,将他的三太子敖丙抽筋扒皮,他还被哪吒拔甲刮鳞,于是伙同三兄弟水淹陈塘关。

南海广利王敖钦,火赤龙,控制火灾、闪电、人间二昧真火等。南方属火,火为赤色。四海龙王中,排名第二。

西海龙王广顺王敖闰,风黑龙,操纵风源对流,司掌气候阴凉、天气变迁。他是四海龙王中最有名的一个,不但自己能力超凡,而且子女也出类拔萃。他的三太子小白龙敖烈就是唐僧取经的坐骑白龙马,女儿善财龙女是观音菩萨的侍从。

北海龙王广泽王敖顺,雪白龙,掌管霜雪、冰雹。他是四海龙王中最小的一个,身处遥远寒冷的北方,他曾召唤冰龙帮助孙悟空为蒸唐僧的蒸笼降温,从而保住师徒三人的性命。

龙王的形象起源于龙图腾和海神崇拜,象征中国人对风调雨顺的美好愿望,"龙的传人"对龙文化的热爱在历史的长河中丝毫没有消减,反而从四个形象演绎到更加精彩的十六个形象,他们各司其职:囚牛琴头,睚眦刀柄,蚣蝮桥栏,螭首管道,嘲风台角,蒲牢钟钮,饕餮青铜,狻猊座基,椒图门环,螭吻殿脊,狴犴宪章,赑屃碑座,负屃碑侧,貔貅聚财,麒麟坐骑,(望)犼华表。他们深入老百姓的心中,成为中国文化中极富民族特色的一部分。

秦国与都江堰

卢秀琨

四川盆地地形可概括为"巴山蜀水"。巴山指川东重庆山区一带,是巴国。蜀水指川西多水道的成都平原一带,是蜀国。四川省简称"蜀",就得名于这个古蜀国。唐朝诗人李白的《蜀道难》对四川的描述入木三分,他提到的"蚕丛及鱼凫"即传说中的两个古蜀国帝王。

除了巴蜀,在四川省广元市一带还有一个苴国,是开明氏九世蜀王杜尚封弟弟杜葭萌为汉中侯,将此地设置为藩属国苴国,也叫葭萌国。从开明氏十一世开始,苴国与巴国经常联合攻打蜀国。苴侯被开明氏十二世蜀王杜芦攻打,逃到巴国,巴国便向秦王求救。

秦国大将司马错认为这是秦国扩大疆域、聚集财富、富国强兵的最佳时机,更重要的是从巴蜀水道可以直通楚国,具有从侧翼包抄楚国的战略意义,力主趁机灭掉巴国、蜀国,以便进军楚国。秦孝公的儿子秦惠文王嬴驷公元前325年第一个"改公称王"开始称"秦王",他当机立断抓住这一天赐良机。公元前316年,他派司马错攻破葭萌关,一举灭掉巴蜀。

兵马未动粮草先行,秦国一接手四川,马上将它打造为重要军事基地。首先派李冰任蜀守,治理岷江水患,使其兼有防洪、灌溉、航行三种作用,将四川打造成战场大后方。

从蜀国北部的岷山,岷江自此出,前半段山高水急,流到一马平川的灌县,激流裹挟的上游泥沙淤积,抬高了河床,同时西南面的玉垒山又阻挡水流,每年夏秋形成洪水,造成东旱西涝。李冰对水情、地势进行考察,决定把引水口上移到成都平原冲积扇的顶部灌县玉垒山,保证较大的引水量和渠道网通畅,把都江堰建在岷江中游。

都江堰水利工程最大的特征是无坝引水,由分水堰、宝瓶口和飞沙堰三个主要部分组成。分水堰因堰顶形如鱼头得名鱼嘴,修筑在岷江江心,将岷江分为内外江,起航运、灌溉与分洪的作用。宝瓶口是节制内江水量的关卡,经过宝瓶口江水再分成许多大小沟渠河道,组成一个纵横交错的扇形水网,灌溉成都平原的千里农田。飞沙堰和平水槽是为控制水量而在鱼嘴尾部用卵石堆到堰顶的泄洪道,当内江水位过高,洪水就经由平水槽漫过飞沙堰流入外江,同时,水流具有漩涡作用,冲走宝瓶口前后沉积的泥沙。除了分洪工程,还有周全配套的观测、维修和便民设施。制定了"深淘滩,低作堰"的岁修养护方案;制作石人立在江中作为观测水位的标尺;制作石犀埋在内江,作为淘沙深度的标准;制作三脚架杩槎作为淘沙截流挡水的工具;在大干渠上修建供人流车马通过的七座大桥。

都江堰解决了岷江泛滥成灾的问题,渠道开通使得内江水灌溉达三十余县市、面积近千万亩(1亩≈666平方米),使岷山梓、柏、大竹顺水汇集加工为木材和竹材,有名的蜀锦等当地特产通过渠道运往各地。农业、经济的迅猛发展,将巴蜀之地变为平畴沃野的鱼米之乡,成都平原成为四川及西南政治、经济、交通、工商业中心。西汉时,四川粮食救济江南水灾,唐代成都大米充实京师。

中国古代许多水利工程,例如著名的芍陂、漳水渠、郑国渠等都在历史长河中先后废弃。都江堰却经久不衰,是中国甚至世界水利工程史上罕见的奇迹,是全世界迄今为止年代最久、唯一留存,并且仍在使用的水利工程,两千二百多年来连续不断地发挥着防洪排灌和运输的作用。1982年,都江堰被国务院批准列入第一批国家级风景名胜区。2000年,联合国世界遗产委员会肯定了它在历史和科学方面突出的普遍价值,它被确定为世界文化遗产。

一生勤政苦干的李冰还创造了中国史籍所载最早的凿井煮盐的纪录,他研发的凿井汲卤煮盐法,结束了巴蜀盐业生产的原始状况,为秦国谋得看似不起眼却有着重大意义的战略和经济物资——食盐。晚年的李冰,累死在什邡洛水的石亭江治水工地上,他和秦国一批出谋划策的贤才齐头并肩,共同为强秦打造出一个巴蜀大粮仓,打通了一个通往南方的桥头堡,开辟了支持秦国歼灭六国、一统天下的大后方,为后世经营起一个富庶丰饶的"天府之国"。

大理旧事

段扬扬

云南的文化中心区,唐以前在大理,唐以后转移向昆明。云南历史上出现三个大国,分别是滇国、南诏国、大理国。

云南省玉溪市的澄江抚仙湖一带,发现了具有活人祭祀的青铜文明。但是,五百年后古滇国消失。

公元前279年,楚顷襄王派庄蹻率兵经过黔中郡开拨到云南,正好碰到秦国攻伐楚国，庄蹻因交通阻断被困在云南，拥兵自立为滇王，号称庄王。与此同时，从滇池到洱海，有先建立且经营了800多年的白子国，根据族名称作白子国，根据地名称作白崖国。晋代四川人常璩的《华阳国志》对白族已有记载，在2000多年前的西汉时期，元封二年即公元前109年，派遣张骞"通道南滇，册封哀牢夷第八族牟苴颂四世孙仁果为滇王"，西汉军队兵临滇国，滇国归降，并归入益州管辖。晋宁石寨山出土的汉武帝赐封的蟠蛇纽滇王金印，证实了《史记·西南夷列传》记载的"元封二年，赐滇王印，复长其民"事实。225年蜀汉诸葛亮南征，军队驻扎白崖，赐白子国国王仁果十五世孙龙佑那为首领，赐姓张，号称建宁国，也叫昆弥国，三十二世孙叫张乐进求。

唐初，云南文化中心向西挪到大理洱海边。原来有施浪诏、浪穹诏、邆赕诏、越析诏、蒙巂诏、蒙舍诏六诏。蒙舍诏是典型的父子连名制。始祖舍龙原住保山，后来迁到巍山，第二任是细奴逻、第三任是逻盛、第四任是盛逻皮、第五任是皮逻阁。729年唐朝打败吐蕃，傍罗颠的施浪诏、俟罗君的浪穹诏、颠之托的邆赕诏裹挟河蛮归附吐蕃，于赠的越析诏、原罗的蒙巂诏、皮逻阁的蒙舍诏归附唐朝。六诏中实力最强的是皮逻阁的蒙舍诏，处在最南端称南诏。738年唐朝为减缓与吐蕃边界冲突，支持蒙舍诏的皮逻阁征服五诏，统一洱海，建立南诏国，晋爵云南王。

902年郑买嗣起兵灭舜化贞及南诏王族800余人，南诏终结。郑买嗣建立起大长和国。大长和国东川节度使杨干贞和清平官赵善政联手除掉末代王郑隆亶，赵善政建立大天兴国。杨干贞灭大天兴国建立大义宁国。

唐朝灭亡到宋朝建立期间，是五代十国时期。照地域划分，中原之外是前蜀、后蜀、吴、南唐、吴越、闽、楚、南汉、南平、北汉，中原之内依次更替的五代是后梁、后唐、后晋、后汉、后周。

后晋是936年石敬瑭建立。中国历史上有"东夷、西戎、北狄、南蛮"之说，南蛮又有"东爨乌蛮、西爨白蛮"之说，白蛮就是白族的先民。南诏白蛮武将段宝龙的儿子段思平，因军功升任为后晋大义宁通海节度使，因被杨干贞追杀，向东方黑爨三十七部借兵进攻，937年灭大义宁国，建立大理国。

824至859年南诏王劝丰祐时期，崇圣寺三塔开始兴建，用以宣扬佛法，主要是压镇大理水患。大塔叫千寻塔，方形密檐式砖塔，近70米高，16级，底宽近10米。两座小塔近43米高，10级八角形砖塔。大理国国王共二十二代，其中二代段思英、八代段素隆、九代段素真、十一代段思廉、十三代段寿辉、十四代段正明、十五代段正淳、十六代段正严、十七代段正兴，一共九代在崇圣寺出家为和尚，他们虽然笃信佛教，但是王权斗争给他们画上了一个无奈遁世的句号。

1252年,蒙古帝国直逼南宋,决定采取迂回战术,从吐蕃占据大理,再从此插入南宋心脏地区。元宪宗蒙哥委派四弟忽必烈南征大理。大理国末代王段兴智斩杀派来的三名劝降使者,命令相国高泰祥在金沙江与蒙古将领伯颜不花、虎儿敦对决。忽必烈亲率中路军用皮筏上演"元跨革囊"一幕,攻到丽江。高泰祥被杀,段兴智丢盔弃甲逃到昆明,被蒙古大将兀良合台拔城生擒,押送到蒙古汗廷,蒙哥采取怀柔安抚政策,赐金符封段兴智为大理世袭总管。云南正式成为一个行省,进入中央统治视野。1254年从段兴智开始,段实、段忠、段庆、段正、段隆、段俊、段义、段光、段功、段宝、段明、段世受元朝任用。

1260年忽必烈登基为元世祖,1267年封五儿子忽哥赤为云南王,赐驼纽鎏金银印。忽哥赤置大理等处行六部,任命阔阔带、柴桢为尚书兼王傅府尉,宁源为侍郎兼司马,编户籍,定赋税,实行"达鲁花赤",即只由蒙古人或色目人担任的"掌印者",掌管最高行政军政的地方长官。忽哥赤死后,元太宗窝阔台的曾孙、其三儿子贵由之子禾忽的儿子秃鲁镇守云南。1272年忽必烈迁都北京后,1280年继续封忽哥赤的儿子也先帖木儿为云南王,再赐云南王印。

段实当政时,白族僧人舍利畏率30万大军抗元攻破昆明等地。段实与蒙古军队联手打败舍利畏,扑灭舍利畏第二次反扑。1276年缅军组织几万大象骑兵掠夺德宏州一带,威胁到大理,段实和万户忽都带兵援助都元帅纳速剌丁,大败缅军。忽必烈晋升他为大理、威楚、金齿等处宣慰使都元帅,留其子段庆宿卫东宫。之后,又晋升段实为云南诸路行中书省参知政事。

段忠任大理宣慰使,随阔木征伐西林、会川,打通昆明。

段庆1299年征伐越南、广西一带的交趾,受封宣武将军,兼任大理、金齿等地宣慰使都元帅,佩金虎符,赐公主为妻。

段正当政1319年,元廷允许土官无子可以以妻代管。段俊被元朝任命为云南行省平章,开启段氏兼任平章的传统。

段光被授予承务郎、蒙化州知州,曾击破作乱的番兵,1334年与元朝赐封的宗室梁王发生边界纠纷,派杨生、张连、张希矫攻打梁王。1343年被梁王反攻大理,段光亲自在昆弥山督军失败后,双方协定以牟定县罗那关为界分地而治,梁王领北,段氏领南。

段功也被授予承务郎、蒙化州知州。1346年木邦夷思可发反叛,段功出兵协助河南参政贾敦熙作战,打前锋,屡战屡胜,因功封为云南省参政。1363

年,段功出兵解救被明玉珍3万红巾军打跑到楚雄的梁王把匝剌瓦尔密,火攻夜袭古田寺,收复中庆路(今昆明),梁王封段功为云南省平章政事,并将阿盖公主嫁给他。后来梁王因怀疑他有吞并云南野心,刺杀段功,阿盖公主殉情。

段功的儿子段宝世袭王位,梁王七攻大理斩草除根,段氏齐心协力击败梁王,鹤庆知事杨升调和,双方以洱河金鸡庙为界,梁王领南,段氏领北。后来红巾军明玉珍再次来袭,梁王向段氏求援,段宝记恨杀父之仇拒绝出兵,迫使梁王积极主动修和关系。1368年,段宝率兵协助梁王击败从元江攻入昆明的红巾军舍兴,在海口击败石多罗,被封为武定公。朱元璋在应天建立明朝后,段宝也积极向他靠拢。

1987年,云南大学教师木霁弘和大学同学徐涌涛发现了大理这片土地上开辟过一条狭窄的伸向远方的小道。1990年,他们和陈保亚、王晓松、李林、李旭花了3个多月,徒步2000多千米,翻越几十座4700米以上的大雪山,渡过几十条激流险滩,录制上百盒磁带,拍摄3000多张照片,记录上百万字的资料,徒步完成全程,他们将它命名为"茶马古道"。

草原、雪域的饮食以肉、油、奶为主,需要大量的茶叶帮助消化,所以游牧民族饮茶成风。而内地的军队、劳作需要大量的马匹,蒙古、西藏产马不产茶,云南、四川产茶不产马,为了互通有无,产生茶马互市的现象。由于茶马互市的利润极大,有一段时间还不允许私商介入,只采取官营形式。从南北朝时期开始,蒙古边界上就出现了以茶易物的茶市。唐代开始盛产茶叶,756年唐肃宗时期,在蒙古回纥地区出现了茶马交易市场。西安碑林博物馆和美国费城宾夕法尼亚大学博物馆保存了陕西礼泉县昭陵六骏。唐太宗636年让阎立德、阎立本兄弟所做的浮雕,使后人有机会一睹曾驰骋战场的六匹骏马:什伐赤、白蹄乌、特勒骠、青骓、拳毛䯄、飒露紫。可推知古代军事对战马的需求量大。北宋时期,茶马市场在陕甘一带。宋代征战频繁,对马匹的需求增加,还专门在四川设置茶马司负责以茶换马。元代皇室来自产马的蒙古,茶马互市中断。明代茶马互市又兴盛起来,川藏北线正式形成。清代加强对康藏地区的经营,川藏茶道北线更加繁荣,后来逐渐终止。

中国西南部的茶马古道,是世界上海拔最高、最为凶险的一条商道,一条古代"神奇的天路",冰霜雪雨的"单行线",头望不到山巅,脚临万丈深渊,悬崖峭壁上路窄到只有几尺(1尺≈0.33米)。古代没有机车,只靠马驮。沙漠上有驼队,大山中有马帮。有部电影名叫《山间铃响马帮来》,正好反映出西南山区老式的交通运输方式。雅安到康定地段,马驮行不通而只能人扛,货物背上身就放不下来,整条道路边的石头被苦力用支撑背篓歇脚的十字杵戳得坑坑洼洼。康定到拉萨地段，两马相遇，必须协商牺牲一方，将弱马推下汹涌的河谷，另一方才能通过。因为人烟稀少，中途没有补给驿站，马帮得携带淡水、干粮充饥，携带毛毯、毡子防寒。千年的商贸，伴生了掠夺为生的抢匪盗贼，马帮还得携带武器自卫。在这条路上做生意的人，被称为在血盆子里抓饭吃。

但是，气候恶劣、死生难保都阻挡不了人们对生存物资的渴望和努力，生活的脚步从没有停息，人们举步维艰地踩踏出这条茶马古道。大理靠近西藏，所以茶马古道从四川进藏的北线、从云南进藏的南线都经过大理。尽管谋生艰辛，但是祸福相依、苦乐同存。枯燥的山路，孤寂无聊的劳作中，人们同样创造了美的艺术。马帮为了排遣寂寞而以山歌为乐，多条支线的马帮带着各自家乡的民歌、年少的童谣在大理尤其弥渡交汇，各地的山歌随着各路运输队伍在这里交流融合，发展出最动听的弥渡山歌。无数歌迷陶醉于"山对山来岩对岩"（《弥渡山歌》）和"月亮出来亮汪汪"（《小河淌水》）。弥渡山歌滋养着后世的音乐艺术。20世纪50年代作曲家雷振邦为反映大理风土人情的名片《五朵金花》所写的电影歌曲风靡中华大地。这些最亲和、最优扬的旋律却源自大理茶马古道最心酸的苦难经历，大理的歌谣和它的民族、建筑、饮食、风俗、历史共同塑造了大理的灵魂。

彼得大帝

张文嘉

1682年，俄国罗曼诺夫王朝第四代沙皇彼得·阿列克塞耶维奇·罗曼诺夫登基。刚满10岁的小沙皇即位不久，他的同父异母姐姐索菲亚借助射击军兵变，上台执政。彼得被迫与母亲住在莫斯科郊外。

彼得从小喜欢军事游戏，他把小伙伴编成两个兵团，成天建筑土堡，进行军事演习。17岁时，他拥有了两支训练有素的近卫军。

索菲亚意识到他是个危险对手，企图兵变废王。但阴谋失败，彼得开始执政。为改变内陆国命运，打通出海口，他宣称："水域，这就是俄国所需要的。"1695年，23岁的彼得亲率3万大军进攻土耳其，因没有海军而失败。他用一年多建立一支舰队，24岁时，用30艘俄国战舰夺得亚速海。但他没打通南方出海口，因为土耳其海军还占据亚速海门户——刻赤海峡。

彼得深感要向西欧学习先进科学技术。1697年，25岁身高2米的彼得随俄国考察团参观手工场、博物馆,访问学者、科学家,考察英国国家制度,出席国会的议会,参加王宫舞会,还亲自在阿姆斯特丹造船厂当了4个月木工学徒。此时,俄国射击军兵变欲立索菲亚为沙皇。彼得火速赶回镇压,处死千人,强迫索菲亚当修女,并把195名叛军尸体吊在她窗前。

叛乱平息,他开始改革。南方出海口没打通,他锁定北方瑞典控制的波罗的海出海口。1700年,28岁的彼得亲率3万大军包围瑞典波罗的海要塞纳尔瓦,18岁的瑞典国王查理十二世先击溃俄国盟军丹麦,然后率领1万精兵猛烈反击,俄军全线崩溃,全军覆没。彼得利用瑞典王进攻波兰的1年,命令每3个教堂捐赠一口铜钟,共铸造300门大炮,重组军队。

1703年,31岁的彼得占领了瑞典波罗的海沿岸要塞纳尔瓦、尼恩尚茨。在涅瓦河口的科特林岛修建卡朗施塔特要塞。在大涅瓦河和小涅瓦河交汇处的叶尼萨利岛建立彼得·保罗要塞,控制通向波罗的海的水路。1709年,37岁的彼得亲临前线,帽子、马鞍均中弹,在瑞典的波尔塔瓦打得查理十二世逃向土耳其。后来俄军又多次在波罗的海击败瑞典。

1712年,40岁的彼得在涅瓦河两岸建立了彼得堡,并迁都至此,使它成为真正通向欧洲的通商口岸。1721年,俄瑞签订和约,49岁的彼得从瑞典夺得芬兰湾、里加湾沿岸土地,终于解决了北方出海口问题,俄国枢密院尊称彼得为"大帝"和"祖国之父",俄国也正式改称"俄罗斯帝国"。

我爱"螺辣耳哆"[①]

段扬扬

我自己都没想到,我会跟食品行业结上不解之缘。我的奶奶做食品,爸妈做食品,我嫁人之后,婆婆做食品,丈夫做食品,我索性夫唱妇随,也跟着丈夫常维耀做食品。

奶奶给姑姑讲了很多大理老家的故事,姑姑又把这些故事讲给我们听。她说奶奶是从小吃乳饼、乳扇喝三道茶长大的滇西白族人,嫁过来时,就穿着电影上的"金花装"。奶奶的家乡产牦牛和火腿,对乳制品和火腿加工很在行,后来奶奶进入昆明冠生园学艺,把云南名菜腊肉炒饵块粑、过桥米线、汽锅鸡、黑三剁、红三剁陆陆续续搬上家人饭桌。奶奶凭借着从她妈妈段顺

[①] 杨泳江根据段扬扬说话录音整理。

妹那儿学会的风味十足的鹤庆"猪肝鲊"和云南火腿月饼,让吃的人竖起大拇指,直叫顶呱呱。2015年3月9日姑妈讲完了最后一个故事,就投向了奶奶最温暖的怀抱。我似乎看到老奶奶搂着姑妈给她讲那些烧饭烧菜的事儿,也像姑妈的儿子搂着他的一对女儿一边说着饭菜的故事一边喂饭一样。这些大理家常菜成了亲情的纽带。

　　爸妈得到奶奶真传,能烧一手好菜。什么好吃就琢磨怎么做。爸爸的姑父是四川人,两人凑在一块儿就开"川菜研讨会",爸妈跟着他学会了担担面、水煮鱼、夹沙肉、麻婆豆腐、夫妻肺片、红油鸡丝。家里过年过节,川菜系列就包给他俩了。

　　我的婆婆做得一手地道的传统兴义小吃。刷把头、籼米糖、圆粽粑、猪儿粑、牛打滚、鸡肉汤圆、水晶凉粉、黄糯米饭、酱汁羊肉粉。她一直手把手地教我和老常。我们的结婚蜜月就是挽起袖子在厨房度过的,从和面、揉面开始,慢慢到切葱捣蒜,然后到擀皮烙饼,最后晋升到调馅炒酱。整整一年,终于在过年走亲访友的日子,我和老常能亲自下厨,捧出一碗碗待客小吃。众人的称赞,激发了我们的烹调热情,老常马上想到拜我爸妈为师,学做滇菜和川菜。

　　让我们信心倍增的是贵阳大赛。厦门的表哥表姐邀我和老常去那儿的海边拍海景结婚照时,他们带我们去夜市吃海鲜。那海鲜,花色之多,味道之鲜,真叫一个美!老常流连忘返,天天跟厦门厨子切磋福建菜。作为一个内地厨子的他开始反思,最后他对我说我们需要学习、学习、再学习。于是,老常拉着我去珠海尝榴莲酥、紫薯酥、清蒸鱼、红烧鲍鱼、海胆蒸蛋,跟海鲜街加工餐馆的老板求教广东菜,特地去北海点一桌海鲜,与广东菜、福建菜比较有什么差别。回到家以后,我俩就靠着视频、菜谱,慢慢琢磨怎么把西南的辣和海鲜的鲜完美地结合。功夫不负有心人,我们去贵阳参加贵州省第三届"天朝上品杯"烹饪技术大赛,我们这两个内地人居然拿了两个海鲜名菜奖,老常掌勺的"香辣蟹"和"香辣田螺"大获全胜。

　　就在我们离开贵阳之前,老常突然想起贵阳有家湘菜馆"红辣子",他郑重地说:"要学辣就辣到底,走,去见识一下湖南这个辣妹子!"我也郑重地回复:"是该去看看人家有啥特长。"其实,我俩还没尝过湘菜,老常想吃,我更想吃。

　　我们从贵阳刚踏进家门,就兴奋地开始规划我们兴义市笔山路42号那间屋子,怎么扩门,怎么挂牌,怎么摆设,叫啥店名。正当我念念有词"香辣田螺……香辣田螺……"电视上罗纳尔多一记远射球进了,我俩都同时惊呼:"螺辣耳哆!"就这样,我们的店名诞生了。开业那天,我迎来第一个顾客,心里好生欢喜,悄悄地对奶奶说:"段奶奶,你的孙女段扬扬生意开张了!"老常可辛苦了,整天就一副操着勺子、操着刀子模样,在油烟和火苗中演奏锅碗瓢盆交响曲。我们的回头客也越来越多了。我站在热气腾腾的汤锅边儿,经常琢磨要是能增加点白案小点心就好了,要是能配点杂粮粥就好了……这样那样设想了很多很多。自己亲手搭建的小店,我对它要多爱有多爱,真心希望它通过我们的努力越来越好。

三星堆①

三星堆,名称来自马牧河南岸的3个大土堆。《山海经》就有"丘山台、坛、墩"的记载。

1929年,距成都40千米的广汉市南兴镇真武村月亮湾,燕道诚挖到三星堆玉器。1931年,引起英国传教士董宜笃和华西大学博物馆美国教授戴谦和的关注。1934年,华西大学博物馆馆长美国人葛维汉与副馆长林名均,由当地驻军配合揭开考古序幕。1963年,中国学者冯汉骥开始探索三星堆。1986年,敖天照、陈显丹、赵殿增、林向等发掘到2.5米深,发现从现代一直连接到新石器时代十三层的文化层堆积,"如同一本反扣着的几千年的书"。

三星堆出土文物多种,却以风格迥异的青铜器享誉世界。最具有代表性的青铜器有纵目面具、金面头像、"金杖"、青铜大立人、大神树、轮形器。

纵目面具

纵目面具长138厘米,高65厘米,眼睛直径13.5厘米,面部突出部分长16.5厘米。关于纵目面具,有很多种猜测。

第一种,认为是蚕丛。

古巴蜀先王有蚕丛、柏灌、鱼凫、杜宇、开明。《华阳国志·蜀志》:"蚕丛,其纵目,始称王,死,作石棺石椁,国人从之,故俗以石棺石椁为纵目之冢也。"蜀山氏以后的蚕丛氏,从岷江上游兴起,这一地区有一个与众不同的背景——羌文化。

汉代以前和汉代,为建立大一统的思想,全国各地都祭祀夏王朝第一缔造者、治水英雄大禹和大禹的母亲。传说大禹出生在北川县禹里乡的石纽,一块刻着石纽字样的大石面朝西北方向,大石方圆100千米内是圣地,有罪

---

① 杨占鳌根据纪录片《三星堆消失与复活》整理。

之人逃到那里,无人敢闯入捉拿,躲3年后便无罪。至今羌人村寨多为石头寨,四川北部羌人将白石头供奉在屋墙顶部或家附近的石塔上。茂县蚕陵重镇的羌族称为"蚕丛羌",地貌多为怪石,认为蚕丛从大石中来,当地人认为自己为蚕丛的后裔。古羌人分布于广大的中国西部、西北部,然后从北向南发展,四川岷江上游的石棺葬,是羌人到达岷江以前的氐人文化。羌人的传说有羌人和氐人作战的"羌戈大战","戈"是戈基人,即氐人,是竖目。西南少数民族的东巴文,认为横目显善、纵目显美。

可推测鱼凫就是制作面具的决定者,聚集古蜀顶级的艺术家和工匠制作纵目这种夸张的形象,供奉在神圣的仪式上,以其巨大的体量达到震慑心灵的目的。鱼凫卓有成效地控制了蚕丛氏遗民对其先王的偶像崇拜,达到合法统治蚕丛氏遗民的目的。

第二种,认为是鱼凫。

纵目面具是代表鸟的形象,鸟图腾。华东地区出土的青铜器中有很多鸟形象,东方以鸟为官,少昊氏崇拜鸟,两地有共同的崇拜、地名,在文化上有一定的联系。四川盆地发现了古人模仿鸡和鸟而制的三脚礼器盉,三星堆发现了"小浅盘高柄陶豆",底座上只有一个正视的眼睛的符号,也大量出现在中原二里头文化中,有纵向双眼、横向单眼、对称单眼、横向单眼等,被称为"臣字纹"。

甲骨文有几十处记载蜀人在殷商时期跟中原已经关系密切。三星堆青铜面具和大量的眼睛,很可能就是蜀国及祖先的一个象征。甲骨文"蜀"字有20多种字形,无论哪种形式,字的上方都是一个大眼睛。《说文解字》中解说"瞿"字,上为大目,似鹰隼的眼睛。三星堆附近的鸭子河,在20世纪50年代还能行船,现在还有渔民驾小船用鱼鹰打鱼。能获得鱼的鱼鹰被人仰慕,三星堆中有很多鸟形和鱼鹰造型。鱼凫,是来自岷山山脉的最早崇拜鱼的部落和来自山东的最早崇拜凫的部落,组成联盟统治形式,统治成都平原。

第三种,对光明的太阳崇拜。

眼形符号不是装饰纹样,会被认同和领会这种象征意义的人接受,它不是文化交流的产物,而是具有人群移动带来的观念意识上的符号。有一个古代传说能很好地注解眼睛象征意义:北方有大神烛龙(也有叫烛阴),它的眼睛张开天就亮,一闭上天就黑,眼睛代表了太阳月亮这种光明。三星堆的器物中发现三星堆人很崇拜太阳神,用铜做成巨大的太阳神树,太阳的子轮。在三星堆以后的金沙村,也发现金器,在中间太阳光芒外,四鸟围绕太阳飞翔,有浓厚的太阳神崇拜的意味。

第四种，对人身体功能的崇拜和认可。

眼睛崇拜在 5500 年～5000 年之前就已出现。两河流域文明的乌克鲁文化时期，出现布拉克丘神庙，又叫"眼庙"，整个墙壁钉满了眼形器。突尼斯、伊拉克地区的阿拉伯妇女为了祈福，手上画着与伊斯兰教义不同的一个连一个的眼睛，叫"赫纳"。印度佛教中就有千手千眼佛。对眼睛的崇拜，应该是世界性的。

意大利医学史学家卡斯蒂廖尼研究上古史诗发现，人类在很早时认为眼睛的力量很强大。在模糊的迷信形成明确的习俗和宗教观念时，产生人们能借助眼睛达到目的的观念，比如用狠毒的目光可以加害于人。这种观念最早源于鬼怪作祟的思想，魔鬼附身，就可用眼睛的表情和特别的颜色表示出来。为防范恶毒的目光，人们使用绘有动物和人类器官特别是眼睛和生殖器的辟邪符作为重要治疗手段。

古语有"蜀犬吠日"，意思是四川的狗很少看见太阳，出太阳时感觉奇怪要叫着咬它，说明蜀国环境潮湿，日照少，雾气重，纵目面具有凸出的大目和大耳朵，突出眼睛是希望透过迷雾看得远，大耳能听得远，表现出人类希望更好地利用自己的身体功能。

第五种，认为是仿生。

古蜀人文化仿生学发达，模仿螃蟹、虾节肢动物突出的眼睛上有一个箍，分前后两节，中间有一个柄节连接，眼睛可以旋转伸缩，上下左右都能看到，碰到危险可以把眼睛收回去。

第六种，认为是一种绘画方式。

澳大利亚学者巴纳认为：三星堆铜人像，眼睛没有瞳孔。铜人像眼睛上下角位置颠倒，眼球中仅用一条斜线的现象，是用当时毛笔勾画眼睛方式的结果。

第七种，认为是神。

纵目面具巨大沉重，显然不是用来戴的面具，而是三星堆王国在特定情景下需要的、超现实的、被夸张的一张脸。它不是普通人的面孔，要引起的不是亲近感而是陌生感，因为面孔代表的不是人的表情而是神秘世界中神灵的表情，所以它没有顺应常人的五官，而是任意夸大或缩小一部分面部器官。

第八种，认为是眼疾。

北方大月氏，眼内障，上眼皮往下吊，眼睛不可能往上提，所以这种民族也许会认为眼角上提是很美的。医学家认为远古时期岷江上游山区的人缺碘，或者患有甲亢病，所以眼睛突出。

金面头像

2001年10月12日,中国、埃及联合发行金面罩主题邮票,设计者是中国的王虎鸣和埃及的赛义德·白德拉维。人类最早的巫师形象是欧洲旧石器晚期奥瑞纳文化岩壁的巫师画。原始人在岩石上刻画,是实行交感巫术的一种方式,画向往之物,被画之物被认为具有了感应的魔术力。出于通神目的,三星堆艺术家们获得了最高权力的特准,消耗大量国家资源,以蜀人超于寻常的想象力制造出通达神灵的面具和偶像,只是它们不是活人的面具。

从民族志、古代面具记载看,戴面具体量大于真实面孔,是遮挡真实面目,代之以或神秘,或奇异,或狰狞的假面具,变成了超人的精神力量的化身,以便在娱乐、宗教、巫术中使用。三星堆金面人头像跟非金人头像、石雕人像面部表情、面部特征是一模一样的,当时人的艺术造型就是这样,金面罩附着在青铜人头像上面,用黄金装饰人除了眉目以外的皮肤,可能要说明四人有不同于他人的特殊身份。

金面头像,作为一种偶像崇拜,很难猜测它的原型,而根据远古遗骸的颅骨、脸颊角、颅长比、颅宽比、鼻梁高度才可推知原型。颈部都是尖锥形,鼻子高宽、眼睛眉毛很粗很大、嘴大,跟现代的中国人区别极大,应该是做了某种程度的抽象和某种程式化。无论人或神、大或小、地位高低,脸部造型都千篇一律,可能是当时人们认为的最佳面部表现形式。

与三星堆同时或以后的时期,世界各地都有在祭祀、下葬、重大活动时以人作为牺牲的记载。公元前3500年,巴比伦王乌尔墓殉葬者59人。商王朝M1001大墓殉葬者225人,而国王或贵族祭祀祖先所杀的奴隶、战俘一次高达400多人。三星堆没有发现人殉现象。铜像若为殉葬替身,也是某类人的替身。从当时祭祀习俗推测,掌握神权的巫师们不会自戕,不排除用战俘、世仇制造出若干替身。

三星堆有众多的各式各样的没有瞳孔的眼睛,代表蜀人对眼睛的一种特别的感受。根据不同类铜像间眼睛的差别判断其身份,将铜像分三类:

第一类,瞳孔柱形凸出于眼睛之外的,是神;

第二类,眼睛中间无瞳孔,只有一道横向棱线的,不是普通人;

第三类,眼睛或有眼珠或用墨画眼珠的,是人。

三星堆铜人像的眼睛形态是下视,表明是被供奉祭祀的对象,地位高。不表现瞳孔的大眼铜人,可能有几种身份,其中一种可能是萨满一类的神职人员,叫作"鼓矇"。他们很特殊,眼睛失明,但是记忆超凡,尤其文字没有广泛运用之前,能背诵祖先神话传说、先王的世系,文化水平较高,因统治者对其重视而具有一定权力,是承担起氏族、国家文化传播责任的知识分子阶层。

"金杖"

黄金箔棍状物,长143厘米,直径2.3厘米,重463克,46厘米长的手刻图案。基本上不能确定它是杖是带还是别的器物,但是一般有两种观点。

第一种,认为它应该有特殊意义,但是不实用,因为金箔上有浮雕花纹,不可能经常用手握着使用,定为礼仪性的器物更合理。

第二种,器物出土时是一个环形的圈,姑且认为是一根杖。从图案分析,鱼、鸟、剑表明了使用者的标识意图,主人应该是鱼凫王。四川以前发现过宋、元金腰带,上刻十二生肖。三星堆出土的纯金皮,应该有木棍被包裹在里面,一端有一个龙头和玉器,应该是金杖。

全世界用杖代表权力的传统首先产生在西亚。向西传播到埃及,后来古希腊继承这一传统。若从金杖、金面罩和青铜人头像的功能看,它们一是代表权力系统,二是代表宗教祭祀礼仪系统。从艺术角度看,几大文明相似,而且发展方向,比如近东它向埃及发展、南亚向印度发展,印度也出现了类似文化因素。中国在这个文化系列里,出现的年代较晚。

文明地带之间存在"文化飞地"的可能性(文化飞地,欧美人类学学者指一个文化发源地的某种文化因素传到另一个文化区内,中间没有留下传播痕迹,好像是飞越过去一样)。它可能不用中介交流、吸收,就能把这些观念和技术从发源地逐渐带回来。由于古代交通不便,需要很长时间,才能缓慢完成。

古代长老都有拿杖的习惯。汉代长老持杖习俗没有了。但当时作为一种养老制度,有"赐鸠杖"一说,国家赐予长者斑鸠图案的杖。更早的时候,持杖的都是氏族长老,都是握有权力的人。就中国自身的传统看,当时有权者也会持杖。

青铜大立人

古蜀时代跟中原不同特点是神权跟王权基本上糅合在一起,大巫师往往就是部落首领。蜀王就是群巫之长或最大巫师。

从选取的材质看,大立人在众人像中指挥全局。第一,唯一一个全身铜,比较高,可能是等级悬殊,可能是节约材料,人头像身子可能是木头和泥;第二,大立人站在一个高台上,神兽大象头支撑本身通天地的祭台,上面很多钩云纹象征腾云驾雾,云南傣族祭祀上常见"多象头";第三,赤足站立,这是巫师的做法,通过身体连接天地、灵气。

关于大立人，讨论最多的是他的三个方面：一双巨手、服装、头式。

第一个方面，一双环形巨手引起多种推测。

第一种，认为大立人躯体不符合正常人比例，环握的双手，两个圆心没对准，应该握着两件或者弯曲的器物。上方手孔直径大，两手位置清晰表明所持器物有一定弯度，可以推测是握着一支牙尖向下的象牙。二号坑第一层就铺了60多根象牙，意味着有30多头大象被杀。大立人基座四面的兽头是象头，整体上协调，符合它的意识形态。巨大的象群，也许有一部分是从云南甚至云南以南、以西的南亚、印度而来。亚洲象原产地就是印度，东汉时期印度向中国进贡象牙，东汉王朝认为是重大事件。

第二种，认为立人像应该是古蜀人宗教首领像，双手握着彝族巫师的法具神筒，它跟彝族先民宗教信仰有关，竹制或木制神筒里装签。

第三种，认为大立人全为铜铸，它所持的物品应该也是全铜，不应该所持物品是别的材料。也许双手本来就没有东西，而另有其含义。

第四种，认为它属于一种手势，没有拿东西，好像一种巫师作法时的比画动作。三星堆许多器物归纳出奇特的手的造型，这是当时人像的一个特点。所有人物的手都特大特突出，大大小小的人像动作，比如鸟足戴冠铜人像都是这个姿势、动作，三星堆玉璋上刻画的人像，每个人都是两手叉在腰间，拇指相对，双手手心中空抱拳，更奇特的是在玉璋边左右各有一只巨大的手从天而降，大拇指按在大山侧面。它跟佛教的手印有一定关系。佛教前身印度教有很多形体语言，印度舞蹈手部动作很多，娱神喻人或表示一种观点。三星堆手势统计下来有七八种，是用手势动作来敬神、表示意愿、表达权威，甚至是对手的崇拜，是英雄崇拜的一种表现形式。拿东西与否也有证据，在一个小神坛上有一个小人就拿着像弯曲的藤枝、像蛇一般的东西，下面还有一个钩云纹装饰，这肯定是祭神的祭器，因为它在神坛中间。还有四人站在四个方向，手上都拿着此类物件。从与大立人同期成都金沙村出土的铜像上也能看到双手一样的姿势。

第二方面，是大立人的华丽服装，证明当时纺织工艺发达。

青铜铸造，完整保存了服装款式，类似中原贵族朝拜、祭典、丧葬使用的具有古制的礼服，说明模仿的人具有相当崇高的地位。设计这套服装，对穿衣者的身份是有所指的。

古蜀人养蚕制丝可追溯到公元前2600年的新石器末期，可能是世界上最早穿上布衣的人群。蜀锦也叫"锦绣缎"。蜀布畅销身毒国即古印度。公元前122年张骞出使西域在阿富汗北部的大夏，看到来自身毒国的蜀布和邛杖。

至少西周前，中原人认为少数民族"左衽"（前襟开口在左）。西周以前的衣裳，不分男女，一律衣裙上下两截，《周易·系辞下》说是上衣下裳的形制取乾坤而定，极为神圣。春秋战国出现将上衣下裳合为一体的连衣裙"深衣"。

大立人穿窄袖半臂式3件"右衽"套装，最外层只有右手短衣袖，对称右衽半袖中衣比外衣短，领口前后都为V字形，长袖内衣最长，前裾稍短且直，后裾较长，两角倾斜下垂到脚踝。从文献看，蜀人左衽。有学者认为大立人是左衽，肯定是蜀人。蜀山氏到蚕丛氏转变的过程，就是古蜀人初步完成蚕桑早期起源阶段，进入发展传播阶段。有学者认为内衣是左衽长袖深衣或左衽长襟衣。

大立人不是一般民众的服装，而是祭祀时穿戴的特殊的古老法服，外中内三层，像燕尾的一层就是前后两块布。三星堆人像中，有一类人的服装是常见的，无领，肩部、衽部连接处弧形圆转，开衽在前襟正中，腰部一律用带子约束，好像对襟衣，鸟冠铜人像、千兽铜人像、跪坐铜人像、半跪铜人像都是这类衣服，可能是三星堆人的日常服或通常礼服。

第三方面，大立人的发式。

三星堆文化自始至终存在着中原二里头文化因素。传说夏代有一支与夏王联姻的有缗氏部族，《汉书·地理志》记载他们活动在山东金乡县一带。《左传·昭公十一年》记载，夏桀武力攻击有缗氏，有缗氏不堪暴政集体逃离。《楚辞·天问》有夏桀部队追杀有缗氏的记述。考察"有缗""岷江""汶水""蜀"等一系列名称，推测蜀人最初兴起于黄河下游的山东西部，夏代后，其中一支人群留在河南省西南部，另一支有缗氏，穿越湖北江汉地区、渝东峡江迁徙到陕西南部、四川成都平原，参加了西周灭商战役，就是《蜀王本纪》《华阳国志》中记载的"蜀"，发展成三星堆占统治地位的氏族。但是依据的都是传说、后世文献，没有直接的考古证据。

三星堆人的发型有两种，一种后脑垂有发辫，一种是前额、两鬓削平，后脑勺戴发笄（先秦称笄，秦汉以后称簪）。笄簪作用是固定头发、帽冠。最早编发的史料是河南安阳殷墟"跪坐石头人"，梳辫产生后，在汉族、少数民族中都流行。战国后，汉族男女改束发簪，一些民族一直保持留辫习俗。从风俗看，人头像上的辫子是三星堆人的主要发型。殷墟时期的中原也有。出土于殷墟妇好墓的跪立人物像就是短辫发型。三星堆二号坑的头顶环状物（麻花盘头）像，在妇好墓中有头顶环状物（光滑环形）的石人像。这种现象反映出三星堆与中原的物质流通，同时也有风俗上的人的直接交流。

不带辫子、带发髻的人，从事的都是宗教活动。没有辫子的人，很可能掌握着三星堆王国的宗教权力,带辫子的很可能掌握着世俗权力,这两者是并存的。

大神树

青铜神树在二号坑有6棵,制造它们是要下大决心的,因为青铜极其贵重,制造过程庞大复杂,耗费巨大人工,需求的工艺多样。若照原貌竖立,底座根本无法承受铜树的重量,现在竖立的青铜神树是现代人为固定的。可推测,它也许是一次性使用的,是为大型祭祀临时铸造,而不是为陈列设置。也许制造还不是完成,祭祀的终极目的才算完成。所以制造者才不介意投入的艰辛漫长,神树高耸哪怕一瞬也是一种永恒。埋葬时神树被人为损毁、火烧、敲打,树干已经撑不起了,所以修复者在内部加了钢管,铜管帮助神树竖立起来,修复为"一号大铜树"。

残高394厘米,顶端部件缺失,估计总高约5米。

圆形底座,3条根状物斜撑扶持树底部。

树干笔直,多节套合拼接而成,套有3层树枝,第一层树枝在根部,第二层树枝在树干中段,第三层树枝靠近树尖。树尖下有一镂空大圆圈,第二、三层树枝下的树干也有镂空旋涡纹大圆圈。枝干上有一些用于悬挂物品的穿孔、圆钩环。三星堆里发现一些小青铜器件,鹰形铃、鹰形铜铃、鸟形铃器、花形铃、蝉形铃,碰撞时应该有悦耳的响声和乐音。

每层伸出3根枝条,都有一根分出两条长枝。全树9根如同柳枝般下垂的树枝,树枝形态大致相同,都是枝条中部伸出短枝,短枝上有镂空圈托花蕾,花蕾上各站一只昂首翘尾的小鸟,下垂的枝头镂空圈托一长一短镂空树叶包裹的尖桃形果实。9只小鸟的翅膀都被人为折断抛弃,翅膀唯一保存下来的一只鸟在二号铜树上,可见双翼是下垂的。令善于飞翔的小鸟丧失飞翔的形态,动机还是一个谜。

树干一侧,有四个横向短梁,将一条倒垂龙固定在树干上。龙头上昂,前足支撑在底座,体如粗绳,尾部残缺。中国的龙的形象,最早出现在河南省濮阳市西水坡仰韶文化的四十五号墓中,叫贝壳龙。

中国古代神话中的神树多种,如"建木""扶桑""若木""三桑""桃都"等。神树所在的位置,古代文献有描述:《淮南子·地形训》:"建木在都广,众帝所自上下,日中无景,呼而无响,盖天地之中也。""若木在建木西,末有十日,其华照下地。"《山海经·海内经》:"南海之外,黑水青水之间有木名曰叵木……有木,青叶紫茎,玄华黄实,百仞无枝。"《山海经·大荒东经》:"大荒之中,有山名曰孽摇頵羝,上有扶木,柱三百里,其叶如芥。有谷曰温源谷。

汤谷上有扶木,一日方至,一日方出,皆载于乌。"《山海经·大荒北经》:"大荒之中,有衡石山,九阴山,洞野之山,上有赤木,青叶赤华,名曰若木。"

关于大神树,有两种观点:

第一种,认为一号、二号两株青铜神树跟太阳崇拜有关,很可能一棵是扶桑,一棵是若木。神树扶桑、若木的传说很古老,但是中原却没有发现神树,这是宗教信仰体系不同,但是商代、周代都是把祖宗崇拜放在首位,只立牌位,周人有时找个孙子辈的小孩作为祭祀对象,作为"祀",从来没有金石雕刻祖先形象的传统。三星堆文化不一样,把祭祀对象铸造出来了。

神树是巴蜀人幻想成仙的上天天梯,同太阳所在的地方连接,在东方叫扶桑,在西方叫若木,巴蜀人在成都平原上,向东拜就拜扶桑神树,向西拜就拜若木神树。

第二种,认为神树应该是建木,而建木是融入巴蜀文明之中的。河南、山东发现一些树的模型,但是特点不一样。三星堆神树,跟后来发现的四川盐源的树片、贵州的树墩一样,大理白族地区发现的树墩都有龙,龙树结合,龙上还有鸟,都是一个系统,都是表示一个地区对建木的崇拜。从形态、功能、倒垂龙来看,可能是建木,或与建木有关。树上有鸟,看似扶桑,但是扶桑在楚地,楚国建立是在西周以后,所以扶桑不太合适。

三星堆青铜神树用供人想象的太阳、树干、龙、花、鸟展示了一个通天的主题。中国上古时期的宇宙学说中,有宣夜说、盖天说、浑天说。浑天说尚未形成以前,人对天地关系的理解是"地下天上",天如同盖子一样盖在地上,这是"盖天说"。

陆思贤、李迪《天文考古通论》:对太阳最敏感的莫过于鸟禽类,"金鸡报晓"的历史在远古时代可能早已发现。神话里的金乌,即金鸟、阳鸟之意。而在大汶口文化的彩陶器上,正好有"金鸟负日"的形象,鸟背上一个太阳,太阳上一道弧线表示天穹,鸟翅、双腿向后展开,表示正在空中飞行。鸟和太阳联系起来,四方四时也与某些动物联系起来,就是东方青龙(苍龙)、西方白虎、南方朱雀、北方玄武"四象",四方四兽与天上二十八宿联系起来,分为四个动物形象。

三星堆有两件鸟形器物显示通神:人身鸟爪形人像,上半身残断。兽首冠人像,下半身残断,二者大小不同,但造型、装束类型一样。复原后的"戴冠鸟足铜人像",鸟形足装束模仿的是一种鸟,帽子造型也应该是一种鸟,双足穿带眼睛图、云雷纹裤子,裤子上端连裆,与先秦时期中原只有两条裤腿的裤子不同,裤子下端与做成鸟爪模样的鞋子相连,像连裤袜,表现的是一个装扮成鸟模样的人像。下踩两只后尾化为云气的大鸟,蕴含踏云、踏鸟升腾之意,为古代巫师往来于天地、人神之间的坐骑"骄",后来娱神到娱乐的高跷,大概源于此。三星堆统治者希望与太阳神联系,像黄河人一样,借助飞翔鸟这一中介物,三星堆王族用鸟作为名称、徽号,神职人员打扮成鸟模样与神交往,将通神的愿望用制造器物的方式表达出来。从陶器、石器、玉器、贵重的铜看出,三星堆人怀着追求不朽的欲望。

靳之林《生命之树》写道:"原始哲学的天道观,在7000年前母系氏族社会晚期的原始社会已经形成,对我国哲学的发展予以深远的影响,并无孔不入地渗入我国民族文化的各个方面,而其源头就是河姆渡人这个对鱼华冠华盖符号。这个符号是一个通天通神的符号,已经作为河姆渡人的群体文化意识符号广泛流行,这个符号也作为人死后灵魂升天的通天通神的生命永生符号。河姆渡人乃至整个人类的太阳崇拜、鸟崇拜,以及生命之树崇拜都统一于天崇拜的哲学观念,形成无孔不入的通天观。从河姆渡文化到大汶口文化,从长江下游到黄河下游,从山东半岛、辽东半岛到朝鲜半岛东部沿海广大地域,原始氏族部落的天与太阳崇拜、鸟图腾崇拜,与生命之树、生命之花、太阳花崇拜是三位一体、合二为一的。"

观察中国青铜神树的枝叶与鸟,联系三星堆出土的许多玉璋,璋的功能与背负太阳的鸟有一个隐秘的关系。一个璋的尖端雕刻了一只鸟,形态好似栖息在璋尖端的凹刃上。三星堆作为太阳之神的鸟,循序交替,每天有一只绕天巡行,璋是它们停歇的树木。二号坑出土的小铜人捧璋而跪的姿态,可能就是呼吁光明与火的太阳神在此栖息,并祈愿太阳神赐福。

地域条件是三星堆文化产生的土壤,这也是三星堆有茂盛铜树的原因。四川能产生这种巴蜀人神交往、人神相通的观念、历史现象、造型艺术,和自然条件好有关,人和神不是一种对抗,是一种和谐相融的关系,它的故事也就是人化为鸟,鸟化为蛇,树木上天。北方自然条件差的地方,就是愚公移山、精卫填海、夸父逐日,都是强烈的对抗,对抗中求生存。

轮形器

三星堆文化尊崇太阳的特征直接表现在二号坑中一种类似车轮的圈形器,它们是6个个体,可修复2个,每个直径85厘米。壁端轻薄,中心、周围钻有可用来固定的圆孔。它的功能和意义,有不同的解释。

第一种,认为轮形器应该是盾的装饰物,是舞蹈仪式时一种戈舞的法器。因为中国马车开始普遍使用是在商代后期的殷墟阶段,迄今四川盆地商代、战国时期都未见马车或青铜车马。从轮形器的构造看,不可能是使用的车轮或车轮装饰。

第二种,认为轮形器是常设在神庙中的神器,或者仪式中钉挂在某种物体上,作为太阳的象征接受人的顶礼膜拜,是用于象征太阳的太阳轮。

成都金沙村发掘的三星堆末期及以后的遗址,出土一件圆形金箔,将它放在红色背景下,发现它的内层旋涡图案看起来像个旋转的火球,周围是红色的火鸟。

旋转的火球就是太阳的一种表现形式。人对比较形象的事物认知、表现都相同相近。用图像、符号将太阳表现出来时,不外乎两种方式,一是画一个大圆圈,内填红色或黄色,如湖南长沙马王堆一号汉墓帛画扶桑树上的太阳;一是在圆圈外增加辐射状的光芒,光芒的形态有两类,放射状直线和旋转式弧线。轮形器,就是放射状直线的太阳象征物或符号。

三星堆以上所有青铜器,有两种特别工艺罕见或未见于同时期中原地区:一种是铸铆方式连接部件,一种是铸后切割开孔技术。它们的来源和流向都值得注意。还有一个特殊工艺是分段铆接工艺,是把比较难铸的部件、特殊器类分段铸造,然后把各段炮接起来,用铆钉连接固定,使大型青铜器铸造更趋简易。分段铆接工艺出现较晚,最早不过战国晚期,秦汉时期才流行开来。三星堆时期就已经出现这种工艺,可见神树使用的是当时最新、最先进的手段。

三星堆青铜器上有两种孔,一种是小圆孔是铸造的,用来装销钉、柄等;第二种是人面像、人像上额头、颈部的方孔,是铸好以后再开凿的。方孔说明,原先铸造时,没有考虑到它,其所属有过一次重大转变,另外的人获得青铜器后,把它派为别的用途,才在上面凿孔。

古代铸造往往要求一次成功,但也有因薄厚不均产生的缺失,三星堆个别铜器中就有补铸的痕迹。三星堆的冶金技术及青铜原料,与当地和周边的铜、铅、锡密切相关。四川铜矿分布较广,小型铜矿有156个,成都平原就有若干小型铜矿分布,比中原地区分布的条件更优越。大中型铜矿集中分布在靠近云南的川南会理县。

对三星堆青铜器铅同位素比值研究发现,二者比值相同,年代相距应不远,才会有同一矿产地的矿料。三星堆铜料有几个可信来源地,最大可能的是滇东北。

从史料上看,新石器时代四川盆地与长江中游通道"峡江道"开辟,从北方到四川,主要是沿着几条大河河道而行,即穿越秦岭和巴山的"嘉陵道",传说是蜀国开明十二世命令工程部队"五丁力士"开辟的。今天还有"五丁关"。气饱力壮的武士打通了蜀国到秦国的通道，便于蜀与北方往来。公元前316年秦惠王采用司马错策略沿"嘉陵道"攻蜀。开明王仓促迎战，在嘉阴一战中全军覆没。

从四川南北兵器出土多寡分析，蜀国重兵在北方布防。铜、锡比例与商朝不太一样，三星堆样品中，礼器用的是低锡青铜，兵器用高锡青铜，以增强锐利，用来作战、保家、扩张。蜀国王子安阳王率3万残部南迁到生产方式更为落后的还没进入文明的交趾。越南北部活动着雒侯、雒将，在越南历史上有根有据的叫作"蜀朝"，持续100多年，这也是能在越南北部发现很多类似的牙璋的原因。

三星堆都城移向双流，再向成都。三星堆以前，成都平原有高度发达的新石器文化，以宝墩村文化、鱼凫村文化为代表。被发现的古城有6座：宝墩村古城、紫竹村古城、双河村古城、都江堰芒城村古城、温江鱼凫村古城、郫县古城村古城。成都平原古城中，三星堆古城始建最早，延续时间最长，城垣面积350万平方米。古代都城，有严格的规格制度，诸侯不能越制，三星堆敢于修得很大，只能解释为跟中原是两个完全不同的权力系统。

成都平原上的古城可能受到自然河流的影响，城墙正好顺着河流，也有可能遵从自然的原因，久而久之附会上某种人文观念。如果把每个古城都看作部落联盟、丘邦、初级国家，有的规模大的古城在某个时期曾作为中心古国，其他古国会随时取代这一中心古国的地位。鱼凫发展时，三星堆也在发展，宝墩村衰落，可能就是三星堆扩张的结果。

三星堆以前，宝墩村里几乎没有发现玉器，只有在三星堆时期玉器工艺才发展起来。一支掌握青铜冶炼和玉石加工技术的中原外来人群来到成都平原，被鱼凫拒绝而被三星堆接受结成联盟。在新加入的中原人协助下，三星堆毁灭鱼凫村古国，成为成都平原唯一中心。征服成都平原乃至四川盆地的三星堆王国，其统治集团由本土和外来两个氏族组成，新的权力之争不可避免。

两个埋葬坑，时间大约是商周时期，两坑方向一致，与三星堆城墙方向相同，坑形规整，地面修缮，坑两侧道路作对称排列。器物经历打砸、火烧过程。埋坑时是有规律的堆放，器物埋葬经过精心设计。

掩埋动机有几种猜测：祭祀坑、火葬墓、失灵灵物掩埋坑（政权无法抵制自然天灾）、犁庭扫穴坑（敌人毁坏被征服国信仰的祭祀礼器）、亡国宝器掩埋坑（亡国前掩埋宗庙重器）。更多人倾向于三星堆末期，执掌权力的外来和本土两个氏族发生内部权力分裂，引发暴力而破坏了神庙，器物被倒塌的神庙砸毁,两个氏族放弃三星堆,开始向成都和陕西南部迁移。最后迁走的一个氏族,认为礼器毁损,再用不祥,隆重掩埋后离开。金沙村遗址出土一小铜人,头扎辫子,头戴太阳光环,腰插权杖,宗教权力、世俗权力兼而有之,可作为三星堆王国覆灭的主角。之后,权力被分割了,一些新城邑崛起,彭州出现新大城,秦岭以北的宝鸡出现鱼国,成都出现新王朝蜀国。四川青铜文化进入一个分裂的、多个中心并存的新时期,从商代晚期持续到西周中期,在那以后,成都平原、四川盆地的文化状况很不明朗,再也没有像这么多文物的遗址。

3000年前,三星堆人耗资铸造青铜,足以伤及国力。之后,这个人口上万的城郭消失。这批宝藏隐含太多的秘密,德国作家希拉姆说:"考古学家必须用一把铁锹和自己的判断力去解决许多矛盾。"英国考古学家凯农·威廉·格林韦尔说:"永远不要考虑理论,只管收集事实。"后人还需倾尽毕生精力继续探索。

参考书目

[1]（瑞士）沃尔夫冈·凯塞尔.语言的艺术作品[M].陈铨,译.上海:上海译文出版社,1984.

[2] 赵俐.普通话教学新路[M].北京:中国广播电视出版社,2007.

[3] 王宇红.朗读技巧[M].北京:中国广播电视出版社,2002.

[4] 伍振国,关瀛.朗诵训练指导[M].北京:中国广播电视出版社,2006.

[5] 张颂.朗读学[M].北京:北京广播学院出版社,1999.

[6] 吴弘毅.播音主持艺术语音发声[M].北京:中国广播电视出版社,2001.

[7] 曾致.朗诵艺术指要[M].北京:中国传媒大学出版社,2007.

[8] 胡灵荪,陈碧加,张国华.普通话教程[M].上海:华东师范大学出版社,1991.

[9] 涂光禄.贵州汉语方言特色词语汇编[M].贵阳:贵州大学出版社,2011.

[10] 李珉.普通话口语交际[M].北京:高等教育出版社,1999.

[11] 李红岩.诗歌朗诵技巧[M].北京:中国广播电视出版社,2002.

[12] 白龙.播音发声技巧[M].北京:中国广播电视出版社,2002.

[13] 四川省中专语文教研会成都分会.实用口语训练教程[M].成都:电子科技大学出版社,1992.

[14] 邢福义.现代汉语[M].北京:高等教育出版社,1991.

[15] 胡裕树.现代汉语[M].上海:上海教育出版社,1981.

[16] 黄伯荣,廖序东.现代汉语[M].北京:高等教育出版社,2007.

[17] 张斌.现代汉语[M].北京:语文出版社,2000.

[18] 颜迈.现代汉语[M].成都:四川大学出版社,1996.

[19] 邵敬敏.现代汉语通论[M].上海:上海教育出版社,2001.

[20] 金重建.论播音语言的质与形[J].视听纵横,2004(6).

[21] 刘学丰.非语言交际中体态语的多维思索[J].渤海大学学报(哲学社会科学版),2006(3).

[22] 田华,宋秀莲.副语言交际概述[J].东北师大学报(哲学社会科学版),2007(1).

[23] 冯欢.探析副语言在语言交际中的功能[J].黑龙江教育学院学报,

2008(9).

[24] 项湍舟.言语交际中的有声副语言现象[J].湖南科技学院学报,2008(10).

[25] 王秀文.跨文化交际中的日语副语言表现[J].贵州民族学院学报(哲学社会科学版),2006(2).

[26] 田华.论副语言交际的基本特征[J].中国成人教育,2006(10).

[27] 田华.副语言在话语中的言语特性[J].西安外国语学院学报,2005(3).

[28] 王敏华.应重视和加强对副语言的研究[J].徐州教育学院学报,2006(4).

[29] 秦玮远.自然语言中副语言的逻辑处理[J].现代汉语(语言研究版),2007(7).

[30] 崔丽娜.副语言的本体论探索与解读[J].山西广播电视大学学报,2008(2).

[31] 贵州省普通话培训研究组,贵州省普通话培训研究中心.贵州省普通话水平测试[M].北京:中国和平音像电子出版社,2010.

[32] 国家语言文字工作委员会普通话培训测试中心.普通话水平测试实施纲要[M].北京:商务印书馆,2004.